ラッキープレゼント

～ツキを呼ぶ携帯電話用シール～

このシールは、斎藤一人さんの波動入り
携帯電話用のラッキーシールです。

あなたはもちろん、あなたと話した人にも
ツイてることがたくさん起きますよ。
自分が１枚使って、残った分はお友達にあげて
くださいネ!
幸せは、分け与えれば与えるほど何十倍にも
なって、自分の幸せとして返ってきますよ。

一人さんと和美ちゃんより

斎藤一人《さいとうひとり》
魔法のお悩み解決法

ひとり

たった30秒！

小俣和美［著］

東洋経済新報社

はじめに　悩みを幸福に変える魔法

私の師匠は斎藤一人さん!!

斎藤一人《ひとり》さんという人は、本当に不思議な人です。どんなむずかしい問題も、さらっと楽しく解決してしまうのです。

二二年前にそんな不思議な魅力《みりょく》ある人に出会って、押しかけ弟子になってしまった私ですが、未《いま》だに驚きの連続です。

ますますむずかしい問題が増えていくなか、一人さんはむずかしい問題を楽しく、ひょいひょいと片づけていきます。一人さんなら、だれも成し遂げられなかった一〇年連続長者番付ベスト10《テン》入りも、少しも不思議ではないという気がします。

一人さんは私が初めて会ったときのように、今でもとてもステキでいい男です。そしてあのころのように、男の人からも、女の人からも愛されています。

そのわけは、なんといっても、「一人さんといると楽しくなる！」「どんな難問題も魔法のように解決してしまう」からだと思います。

そんな一人さんと出会ったことは、私にとって、とてもとてもラッキーなことでした。

みんなの顔に笑顔を取り戻せ!!

私が一人さんの弟子になってからの二二年間、本当にいろいろなことがありました。

仕事のこと、家庭のこと、子供のこと、親のこと、孫ができたこと……。どれ一つを取っても、私には荷が重いことばかりでした。

そんな私が、仕事もうまくいき、葛飾《かつしか》区では毎年、長者番付一番か二番を続けています。

家庭のことや人間関係のことも、一人さんのアドバイスで本当に楽しく解決しています。私にとって一人さんは、ドラえもんの魔法のポケットのような人です。

もし一人さんがいなかったらと思うと、恐ろしくなります。

そんな私が今では、一人さんから教わったことをみんなに伝えて、いろいろな問題を解決しています。

一人さんにも、こういわれました。

「おまっ（小俣）ちゃんは、人の困っているのを見過ごせないんだから、みんなのお母さんになったつもりで相談に乗ってあげな。喜ばれるよ!!」

そして、みんなの相談に乗っているうちに、いろいろなことで悩んでいる人たちがいることがわかりました。

そんな人たちが喜んでくれた悩みの解決法が、この本に書かれています。

どうか、この本が皆様のお役に立ち、皆様に笑顔と笑い声が戻りますように……。

小俣和美《おまたかずみ》

斎藤一人　魔法のお悩み解決法

目次

PART 1 仕事の成功は、愛のある人間関係から……15

目次

PART 2

よい人間関係は、幸せへの近道です……73

PART 3

「子育て」は心を知り、心を育てることです……121

PART 4

カバーデザイン／東京図鑑
イラスト／小俣敬子
本文レイアウト／㈱インツール・システム

PART

1

仕事の成功は、愛のある人間関係から

最初の章では、仕事を成功させる人間関係のお話をご紹介します。会社というのは大勢の人が集まる場ですから、サラリーマンやＯＬの人たちにとって、人間関係の問題は最も心を悩ませるものでしょう。また、独立して商売を成功させるのに最も大事なのも、実は、人間関係なんです。仕事の成功とよい人間関係とがいかに深く関連しているか、具体的な例を挙げながらお話ししていきたいと思います。

1

職場の人間関係でいちばん大切なのはなんでしょう？

それは、愛情じゃないでしょうか。

例えば、私たちは仕事のやり方を覚えてもらおうとするとき、ほめるというのを基本にします。それは、一人《ひとり》さんにこんな言葉を教わっているからなんですよ。

「やってみせ、いって聞かせて、させてみて、ほめてやらねば人は動かじ」

これは昔、人を育てるコツとして、ある人がいったものなんだそうです。一人さんは私たちに「だれかに教えるときは、こういう気持ちでやりなさい」と教えてくれたんですが、これは本当に効果バツグンなんです。

つまり、人に教えるには、まずほめるというのが基本になるんですね。教わる人に対する愛情が、この考え方の根っ子にあるんですよ。

また、うちの職場では、仲間や取引先などのだれかによいことがあったときに、みんなで「おめでとう」というんです。

例えば、だれかが注文を取れたなんていうとき、そのフロアにいるみんなで、「おめでとう」、特約店さんから「売り上げ好調です」という電話があると、またみんなで、「おめでとうございます」なんて具合です。

これも一人さんに教わったことなんですよ。一人さんは、いつも明るく、こういうんです。

「ほかの人のよかったことに『おめでとう』がいえないような、そんな貧しい心でどうするんだい。

貧しい心は貧しいことしか呼ばないよ。

ほかの人のよかったことを、一緒になって『よかった』と思えるのは、心が豊かだから。

そんな豊かな心になって、ハッピーになろうよ」

一人さんにこういわれると、私たちは「ああ、そのとおりだな」と思えるんですよ。

そして、だれかのよいことを、一緒になって喜んで、「おめでとう」をいえるというのも、やっぱり愛情からくるんだと思うんですよね。

また、ほかの会社の人からは、よく「おたくは変わっていますね」といわれるんですが、うちでは上司と部下との距離感というのはありません。

上司と部下といっても、上下関係ではなく、単なる役割分担だと思っているからなんですよ。私は今は経営という仕事をしていますけれど、ポスティングをやったこともあるし、電話の応対でも荷造りでもなんでもやってきました。でも、会社が大きくなってくると、すべて一人でやるわけにはいきません。そこで社員やパートの人にやってもらうわけです。仕事の種類が違うだけなんです。

それに、ここまでが仕事で、ここからがプライベートという区分けの意識もないんです。従業員とは仕事だけの付き合いで一緒に飲みに行ったりしない、そんな会社もあるのでしょうが、うちではそんな意識はいっさいなく、一緒にご飯も食べれば遊びに行ったりもします。

だれかと知り合うというのは縁《えん》があったということです。それが仕事の場だったからといって、人との付き合いという意味では、特別なわけじゃありませんもの。

うちの場合、一人さんの考え方が好きであったり、一緒に仕事をしていく仲間が好きであったりすることが基本ですから、職場の人間関係も愛が基本で、仲間の間には距離なんか必要ないんです。

もし、距離を感じるようならば、自分で埋《う》めればいいんですよ。

例えば、うちで働きたいという人が来たときもそうです。最初は私からその人に近づいていって、「ちょっと変な会社だけど、こんなところなんだよ」とまったく普通に出すんです。

それで、もっとこちらへ近づこうとするかどうかを決めるのは、その人が判断する番なんですよ。

お互いの距離を埋めるには、人の話をじっくりと聞いてあげるのも大切です。そうするのに、一人さんから便利な言葉を教わっているんですよ。

相手の話を聞いたら、まず、

「そうだね。わかるよ」

という言葉をつかうといいんです。

いきなり自分の意見をいうんじゃなくて、まず、「あなたのいっていることはわかりますよ」と認めるんです。別に、その人の意見に賛成できなくてもいいんです。「あなたのいいたいことは理解しました」ということなんですから、ウソをついているわけじゃありませんしね。

この言葉をつかえば、その人のいうことを頭ごなしに否定しないですむんです。そうすると、相手にもこちらの言葉を聞いてもらえて、お互いの気持ちが通じるようになるんですよ。

相手の言葉を頭ごなしに否定しないというのも、愛情が基本にあります。距離を埋めるのにもやっぱり、愛が大切なんですね。

職場に限らず、人間関係で一番大切なのは、こうした愛情なんだと思うんですよ。

答え 愛を持って人に接することです。

2

どうしても考え方を改めてくれない人がいて、困っています。

自分とは考えの違う人と、トラブルになることってよくありますよね。考え方の違いからケンカになったりして、そんなときには、相手の考え方がひどく悪く思えるんですよね。自分勝手だったり頑固《がんこ》だったり、偏屈《へんくつ》、時代遅れ、無知、傲慢《ごうまん》などなど、その人の考え方の悪いところばっかりが見えてきちゃうんです。

それで、「なんであんな考え方をするんだろう」とか、「あの人が変わってくれれば、みんなうまくいくのに」とか思って、考え方を改めるようにとその人を説得しようとするんですが、たいがいはダメ。それどころか、ますます険悪になったりするんですよね。

私も昔、父の経営していた水産会社のサラリーマンをしていたときに、よく、そんなトラブルを経験しました。私はそのころ、労務関係の雑務を全部やっていて、人間関係の調整役みたいな立場だったので、特にそんなことが多かったんです。

人間関係のトラブルを調整するつもりで、初めは当事者を説得しようとするんですが、そのうち問題の人と口論《こうろん》になって、ついにはケンカになっちゃうんです。

そして、「あの人には何をいってもダメだ」と、なってしまうんですね。

こう思うと腹は立つし、問題が解決しなくてストレスはたまるし、説得が徒労《とろう》になってガクっと疲れるしで、ロクなことがないんです。

そのころはこんなことの連続で、私は本当に身も心もクタクタだったんですよ。

そんな私にとって、唯一《ゆいいつ》のオアシスだったのが、一人《ひとり》さんでした。

「あっ、一人さんが来てる！」

近所の喫茶店の駐車場に、いつもの外車《がいしゃ》がとまっているのを見ると、私は何を置いてもすっ飛んでいきました。

一人さんは、陽《ひ》の光がいっぱいに降りそそぐ席で、いつも静かに本を読んでいるんです。そして、私の顔を見るとニコッと笑って、「よう、おまっちゃん、元気かい」と、明るくて気さくで、本当に心に染《し》み込んでくるような温《あたた》かな声でいってくれるんですよ。

もうそれだけでも、私の心から疲れがスーッと取れていく気がしたものです。

私はなんでも一人さんに相談していました。このときも、「会社にこんな人がいてね、私、頭に来ちゃって。本当、どうしたらいいと思う?」と、さっそく一人さんに相談したんです。

すると、一人さんがこんなことを教えてくれたんですよ。

「いいかい、おまっちゃん。

みんな、自分は変えたくないんだよ。自分は変わらずに、周《まわ》りが変わればいいと思っているんだ。結局、なんにも解決しない原因はここにあるんだよ。

だって、ほかの人の心は変えられない。

変えることができるのは自分の心だけ。

それなのに、自分の心を変えようともしないで、『ほかの人が変わってくれないかな』なんて思っているだけじゃ、結局、だれも変わらないし何も変わらない。

問題だって解決するはずがないだろう?

だから、おまっちゃんにできるのは、自分がどう変われば問題が解決するかを考えて、そんなふうに、自分の心を変えることだけなんだよ」

一人さんに教わって、私はこのことをよく考えてみました。すると、その意味がだんだんとわかってきて、頭の中のモヤモヤが、パーッと晴れていったんです。

ケンカしているとき、「あいつが悪いんだ」と思っているのは、私だけじゃないんです。向こうもそう思っているんですよね。ですから、ここで私が「あいつにいったって、あいつは少しも態度を改めないんだよ」と思っているうちは、ケンカは収まらないんです。

だって、相手も同じように思っているんですから、両方とも何も変わりませんものね。でも、ここで私が、「いいや。面倒《めんどう》くさいから、私が態度を変えちゃえ」と考えて、相手が文句《もんく》をいっている点を改めてしまえば、その人は、もう私に文句はなくなります。つまり、私が自分を変えれば、ケンカは終わるんですよ。

相手が変わることを期待するんじゃなく、自分が変わってしまうことが、人間関係のトラブルを解決するコツだったんですね。

私は一人さんからこのことを教わっていらい、人間関係でトラブルがあっても、ほかの人が変わればいいと考えなくなりました。

そして、自分をどう変えれば問題が解決するかを考えるようになったんです。

するとね、必ず解決方法が見つかるんですよ。こうして、人間関係のトラブルでストレスをためたりすることが、グングンと減っていったんです。

ほかの人は変えられない。できるのは自分を変えることだけ。

陽だまりの中で、一人さんは私にこう教えてくれました。みなさんも、ぜひこのことを考えてみてください。きっと、人間関係のトラブルですごく楽になれますよ。

答え 他人が変わることを期待せずに、まず自分を変えて解決できないか考えてください。

3
会社の害になる人がいて困っています。

以前、ある人から私にこんな相談をされたことがあるんです。

「上司はいい人なんですが、社内で害を及ぼしている人と戦ってくれません。どうしたらいいでしょう?」

この質問を例にしてお話ししますね。

「周《まわ》りが変わってくれれば」とか、「上司が変わってくれれば」なんて期待していても、問題は解決しないんです。自分にできることは自分を変えることだけなんですから、自分にできることで解決するしかないんですよ。もし、この人が直接被害を受けているのなら、上司でなく自分が戦えばいいんです。

このことは、もうお話ししましたよね。

それとね、もう一つ考えてほしいことがあるんですよ。それは、上司が動かないことが、この人にとって本当に問題なのか、ということなんです。

会社の害になる人がいる。だれもそのことに対して動こうとしない。会社が損をしている。または、いつか会社にとって危険なことになるかもしれない。あるいは、そういうことなのかもしれませんけれど、こんな場合でも、それで本当にこの人が困るんでしょうか?

これもね、一人《ひとり》さんに教わった考え方なんですよ。私は本当になんでも一人さんに相談してきました。それで昔は、「こんなことがあって困ってるの」とか、「こんな人がいてさあ、困っちゃった」とか、しょっちゅういっていたんです。

すると、一人さんは陽《ひ》をいっぱいに浴《あ》びた席で、いつものようにニコッと笑いながら、こういったものです。

「おまっちゃん、それは本当に困ったことなのかい?」

そして、そのことが実は困ったことでも問題なのでもないのだと、私に気づかせてくれたんですよ。

この場合もね、同じだと思うんです。

だれも動かないというのは、問題の人は、本当はこの人が考えているほど会社の害になっていないのかもしれません。

また、本当に会社の害になっているんだとしても、それをだれも解決しようとしないような会社なら、たとえ倒産しても仕方がないんじゃありませんか?

会社が倒産して本当に困るのは会社の資本を出している人です。そこで働いている人は、別の働き口を探せばいいだけです。

それに、そんな会社なら倒産してくれたほうが、そこから外へ出られるんですから、この人にとってはむしろいいことなのかもしれませんよ。

本当にそれで自分が困るような問題なのか、考えてみてください。実は問題でもなんでもなかった、と気づくかもしれませんよ。

答え そのことは、あなたにとって本当に困ったことなのか、考えてみましょう。

4

女は仕事で伸びないと思いますか？

男も女も基本的には関係ないと思いますよ。ただ、うちの場合は、むしろ男性よりも女性のほうが伸びているみたいです。

女性には仕事をしたいから働いているという人が多いのに、男性には働かなければいけないから仕方《しかた》なく仕事をしている人が多いようです。

「仕方なく働いているんだから、おれの好きなようにやらせてくれ」という気持ちがあるので、自分のやり方にこだわり、だれかのアドバイスを素直に聞けないんですね。

女性の場合はその仕事をすることで自分を伸ばしたい、自分を生き生きさせたいと思っているので、よいアドバイスをもらうと素直に聞けるようです。

それに、男性には、感覚的なものに対して納得できないということもあるようです。

例えば、私が「笑顔のほうが、感じがいいでしょう」といっても、女性の場合は「そうよね」とそのまま素直に受け取ってくれますけれど、男性の場合、「感じがいいってどういうことですか」と聞いてきたりします。

私たちは一人《ひとり》さんから、

「素直なら、ほかの人からよいことを聞けば、全部自分の実力になっていくんだよ」

と教わっています。

女性のほうが男性よりも素直な分、実力を伸ばしやすいのかもしれません。

また、一人さんからは、

「卑屈《ひくつ》になっちゃいけない。威張《いば》ってもいけない」

と教わっているんですが、男性の場合、実績のない人は卑屈になっているし、実績がある人は威張っていることが多いみたいです。卑屈になったり威張ったりしてしまうのも、実力を伸ばすのにはマイナスなんですね。

でも、一人さんの生き方や考え方が好きだという男性もいて、そんな人の場合はうちでも伸びているみたいです。

昔と違って、今では女性は自分が好きで仕事をするんですから、少なくとも、仕方なく仕事をしているような男性よりは伸びると思いますよ。

答え **男女に関係なく、素直で、卑屈でも威張ってもいない人なら、きっと伸びます。**

5
仕事で成功する人の条件とはなんでしょうか?

だれにでも同じように接して、しかも人を引きつける魅力《みりょく》のある人が、仕事で成功するんだと思うんです。少なくとも、うちの場合はそうですね。

うちでは完全に能力主義なんですが、その能力というのは人に好かれる能力のことなんですよ。だって、嫌われ者ばかりで会社をやっていても、絶対にうまくいくわけがありませんものね。

その人がいるとうれしい、あるいは助けてあげたいと思う、そんなふうにどこか人を引きつけるような魅力があって、お客さんにも、仲間にも好かれるような人が集まっていると会社はうまくいくんです。

例えば、うちでは社員教育というのはやらないんですが、仕事に必要なことを覚えてもらう研修はやっています。

その目的は、

「感じのいい人になってもらうこと」

なんです。

私たちは一人《ひとり》さんから、魅力のある人になるための第一条件はこれだと教わっているんですよ。

そうはいっても、研修の内容のほとんどは、ごく当たり前のことばかりです。

ご飯を食べたら「ごちそうさま」をいう。席を立ったらイスをちゃんとしまう。人に会ったらお辞儀《じぎ》して挨拶《あいさつ》する。履物《はきもの》を脱いだらキチンと揃《そろ》える。物をつかいおわったら元のところへしまう。トイレがおわったらフタをしておく……。

こんな日常的な身じまいについて、きちんとできるようにしてもらうだけなんです。

それと、笑顔ですね。「人の顔を見たら笑ってね」といいます。笑顔の練習をするんですよ。ふだん笑っていない人は、笑顔をする筋肉が落ちちゃっていますから、自然に笑えないんです。だから、笑う練習をしてもらうんですよ。

こんな研修をする理由については、こう説明しています。

「例えば、あなたの感じが悪いとしますよね。あなたががんばり屋さんで、一日に一〇〇件の方にうちの商品をご案内する電話をかけてくれたとします。

でも、あなたの感じが悪かったら、うちのお客さん一〇〇件を一〇〇件の敵にすることになってしまうんです。

もしあなたが感じの悪い方だったら、電話を一件もかけてくれないほうがうちにとってありがたいことだし、お客さんにとってもありがたいことだとなってしまいます。あなたの感じが悪いと、数をやることには意味がなくなるんですよ。

もし、あなたが感じのいい方だったら、一〇〇件かければ一〇〇人のお客さんが喜んでくれますし、うちもうれしいんです。

だから、数をやるよりも、まず、あなたが感じのいい人かどうかが大切なんですよ。

電話だけじゃありません。お客さんに会ってお話をするときも同じです。あなたが笑って挨拶をすれば、お客さんは『この人はいい人ね』と思って、後の話も聞いてくれます。でも、ぶすっとした顔でいきなり用件を切り出されても、話を聞きたくなくなりますよね。

感じがいいというのは、まず、笑顔と挨拶なんです。

では、練習してみましょう」

うちの仕事で大事なことは、人と気持ちよく付き合うことなんです。お客さんと気持ちよく接する、うちのスタッフと気持ちよく付き合う、これができてくれないとうちでは働けません。それで、あえてこうしたことを研修でやってもらうんです。

これはうちに限らず、仕事で成功するための第一条件でもあると思うんですよ。また、会社の仕事で成功するには、表裏《おもてうら》のある人はダメです。

これも一人さんに教わったんですよ。お客さんに受けがよくても仲間には評判が悪いとか、上司には受けるけれどお客さんには受けが悪いとか、そういう人は上へ行ってもうまくいきませんね。

ですから、私はだれと会うときでもいつも同じなんです。お客さんと接するときも、取引先の人と接するときも、自分の孫と接するときも、まったく一緒なんですよ。

相手の立場によって、好かれたり嫌われたりの評判が極端な人は、相手によって接し方を変えているからそうなるんです。

笑顔や挨拶など当たり前のことがきちんとできて、人を引きつける魅力があり、たとえ不器用でも、だれに対しても同じように接することができる。こんな人を上へ引き上げると、会社がうまく行くんです。逆にいえば、こんな人が仕事で成功するんですね。
会社の仕事でうまくいくには、やっぱり人間関係が大事なんですよ。

答え **笑顔で当たり前のことをきちんとやり、だれにでも同じように接して、人に好かれるような魅力のある人であることです**

6

今の仕事を辞めるべきかどうか迷っています。

うちでは、応募してきた人に、まず試しに働いてもらっているんですが、だいたい一カ月もすれば、その人がうちに向いているかどうかわかりますね。

例えば売り上げが伸びていないなど、仕事の成績について見ていても、向き不向きはわかるんです。

でも、それよりは、「仕事を覚えていけない」、「朝に来ない」、「ほかの人と会話がうまくできない」、「つらそう」、「ただ仕事をこなしているだけ」など、その人の勤務態度が楽しそうかどうかを見ればすぐにわかります。

そんな場合は、

「ちょっと無理みたいね。あなたには、もっとほかに向いている仕事があると思うよ」

といって、辞めることをすすめます。

それでも、「辞めさせないでください」といってくる人もいますが、そんな人にはこんな具合に事実をずばりといってあげると納得します。

「ここにいて楽しい？　うちの会社、おもしろい？」

ここで、「おもしろい」という人ならば、「本当はこの人、うちに合っているのかも」とこちらも思うんです。

でも、向いていない人は、楽しいとも、おもしろいとも思っていませんから、こういわれると、自分がその仕事に向いていないことに気づくんですよ。

こんな具合に、向いていないのに辞めたがらない、あるいは、辞めさせられない人が多いのは、みながちょっとカン違いをして、辞めるということを悪いことだと思っているからなんです。

でも、本当は、向いていない人が辞めるのは、よいことなんですよ。

だって、向いていない人が辞めないでいると、三人が不幸になってしまいます。

まず、向いていない本人にとっては楽しくないことをつづけることで不幸ですし、会社やお店の人にとっては向いていない人のために仕事がその分うまくいかずに不幸です。

それにもう一人、その職場で楽しく働けるはずの人が世の中のどこかにいるはずなのに、その人が辞めないためにその職場で働けないわけですから、その人も不幸です。

それに、会社を辞めるからといって、別にその人がダメな人なわけじゃありません。この辺をカン違いしているから、辞めるほうも辞めさせるほうもつらくなるんです。世の中にダメな人なんか絶対にいませんよ。ただ、その仕事に合っていないだけです。ですから、そこを辞めるのは、もっと合った仕事を見つけて楽しく幸せに働くための、よいチャンスなんです。

人を雇うほうにとってはその人がいることで幸せになれるような、そんな人を探すわけですし、雇われるほうにとっては、その会社がおもしろい、働いていて楽しい、そんな職場を探すんです。

そのような人は必ずいますし、そんな職場は必ずあります。

向いていない人が辞めるというのは、お互いが幸せになるためですから、つらいなんて思うようなことじゃないんですよ。

その会社にいて、「楽しい」とも「おもしろい」とも思えないようならば、そこは自分に向いていないんです。

答え

「楽しい」とも「おもしろい」とも思えないのなら、そこはあなたに向いていないのかもしれません。向いていない仕事を辞めることは、幸せになるチャンスです。

7

サラリーマンの向き不向きについて教えてください。

自分に向いていない仕事って、無意味につらいんですよね。楽しくないの。そのくせ、ちっとも収入が増えないんです。

私がサラリーマンをしているときは、本当にそうでした。「こんなに提案しているのに、なんで採用してくれないの?」とか、「これをやれば売れるのに、なんで聞いてくれないの?」とか、そんなことばかりだったんですよ。それで、私の給料はいっこうに増えないんです。「なんだ? この会社」って思っていました。

いつものように喫茶店にいた一人《ひとり》さんに、私がこんなふうにいうと、ニコッと笑って、こう教えてくれたんですよ。

「おまっちゃんは、社員向きじゃないんだよ。

向き不向きって、なんにでもある。会社の中でもそう。上司向きの人もいれば、部下向きの人もいる。なかには、社長向きの人だっているんだよ。

社長向きの人が社員をやってもうまくいかない。だって、向いていないんだものね」

このとき私は、「あっ、本当にそうだ」と、目が覚《さ》めるような気持ちになったんです。

社長向きの人には、サラリーマンはやれないんです。一人さんのいうとおり、私もそうだったんですよ。

私は今、自分で商売をしています。今の経営者という立場から、当時の私のことを思い返してみると、このときの一人さんの言葉が本当によくわかるんです。

確かに、昔の私は社員向きじゃなかったんですよ。あのころの私みたいな社員がいたら、社長はやりづらいだろうなと思います。だって、必ず社長に歯向かってしまうんですから……。

なにかというと「いや、こっちのほうがいいです」なんていう社員は、経営者にとってみれば、つかいづらいものなんですよ。

また、一人さんは仕事の向き不向きについて、こんなことも教えてくれたんです。

「向いていないことをすると、三倍の苦労をして、三分の一の成果しかないんだよ。

この反対に、向いていることをやると、三分の一の努力で、三倍の成果が上がる」

ということは、向いていない仕事で仮に人並《な》みの苦労しかしないとすれば、単純に計算すると、収入は普通の約一〇分の一しかないってことなんです。

この逆に、向いている仕事で人並みの努力をすると、普通の約一〇倍も稼《かせ》げることになるんですよ。

つまり、向いていない仕事と向いている仕事では、同じだけ努力しても、収入が一〇〇倍も違っちゃうんです。

これ、本当なんですよ。私は今の仕事が本当に楽しいんですが、それだけじゃなく、サラリーマンだったころと比べると収入のケタが二つも多くなりました。本当に、一人さんのいうとおり、一〇〇倍の成果が出るようになったんですよ。

仕事の向き不向きの、このとんでもない違いを知らないと、本当に損しちゃいます。

そして、このことについて、一人さんがとても大事なことを教えてくれたんですよ。

「自分を活かせるようなその人に向いた道が、だれにでも必ずあるんだよ。

だって、命というのは、生きるための知恵のことなんだからね。『いきるためのちえ』で、『いのち』というんだ。

だから、命をもらったということは、生きるための知恵を全員が授《さず》かっているということなんだよ。それだけの能力をみんなが持っている。ただ、それを発揮する術《すべ》がわかっていないだけなんだ。

だったら、それを見つければいいんだよ」

自分が生きていくのに授かっている能力を活かせるのが、自分の向いている仕事なんです。これは、天職といっていいかもしれません。

そんな道を見つければ、それまでよりもずっと楽しく、幸せに生きられるようになるんですよ。

答え　普通の三分の一の努力で三倍の成果が上がるのが向いている仕事、その逆が向いていない仕事です。

8

天職を見つけるにはどうしたらいいのでしょう?

今、自分探しをしている人って多いみたいですね。自分に合った仕事って何だろう、天職《てんしょく》は何だろうと探しているんだと思います。

でも、「これはどうかな?」なんて腰かけみたいな気持ちで、仕事をいい加減にやっているうちは、たとえどんなにたくさんの仕事に手を出してみても、絶対に天職って見つからないんですよ。

探りを入れるみたいな気持ちで仕事をしているうちは、それが自分の天職かどうかなんて、いつまで経《た》ってもわからないんです。やっぱり、仕事である以上は、本気にならないとダメなんですね。

自分がお勤めをしているのでも、なにかを目指しているのでも同じです。本気になってやっていると、「これは無理だな」とか、「これこそ自分のやりたいこと」というのが見えてくるんです。

つまりね、その仕事に命をかけたとき、それが天職かどうかわかるんですよ。

私たちは一人《ひとり》さんからこんなふうに教わったんですが、「本当にそうだったな」と、実感しています。

だって、一人さんのいうように、命をかけて仕事をしているうちに、本当に天職に巡《めぐ》り会えたんですもの。

天職に出会うと、その仕事をやっているうちに自分の使命感みたいなものが見えてくるんです。

「私はこの仕事をやるために命をもらっているんだ」

と感じるんですよ。そして、自分はなんでこの仕事についたのか、自分の力量はどのくらいなのか、自然にわかってきます。

そうなると、もう「自分の人生はこれでいいんだろうか」とくよくよしたり、「この仕事で本当に成功できるんだろうか」などと悩んだりすることもありません。

一人さんによると、これは天から授かったもの、「天命《てんめい》」なんだそうです。

天命さえわかれば、後はすべて運や神様におまかせしちゃえば、必ず幸せになる方向へと導いてくれます。

ただし、自分が今やるべきことを、ちゃんと学びつづけることは忘れないでくださいね。そうしていいさえすれば、安心していて大丈夫《だいじょうぶ》ですよ。

答え 本気で仕事をしていれば自然に天職がわかります。

9

「命がけ」とは怖いことのように聞こえますが？

私は「本気になる」ということをいうのに、よく「命をかけて」と表現するんですが、こういうとなんだか悲壮《ひそう》なことのように思われちゃうみたいです。なかには「怖《こわ》い」なんていう人もいます。でも、これは特別なことじゃないんですよ。だって、何をするのでも「命は自動的にかかっている」んですから。

私たちは、一人《ひとり》さんにこう教わっているんです。

「命というのは時間なんだ。

もし、どこかの会社で仕事をすれば、その間の命は自動的にその仕事にかけられてしまうことになるんだよ。そして、命が自動的につかわれていることを自覚したときに、『本当に命をこの仕事につかっていいの？』と思うはずなんだ。

この自覚を持つことが、『命がけ』ということなんだよ」

だから、私もうちのスタッフのみんなも、いつも自動的に命がかかっていることを忘れずに働いていますし、縁《えん》があって知り合い、私に相談事をしてくれたほかの人にも、そんなふうにお話しししているんですよ。

そういえば、以前、うちのスタッフにこんな女性がいました。

元々、その子は栄養士になりたくて、それについて勉強できる職場にいたんです。でも、人間関係にもう疲れてしまい、そこを辞めてうちへ来たんですよ。でも、やっぱり栄養士の道はあきらめられなかったようで、「私、今の仕事に命をかけてもいいんでしょうか」と、私に相談してきたんです。

私はその子にいいました。

「あなたにとってうちで電話を取ったりすることは、自分のやりたいことをやれないで、ただ『くすぶっている』だけなんじゃないの？　このまま、くすぶっていてもいいけれど、それは命がけでくすぶっているんだよ」

結局、その子は「もう一回、栄養士に挑戦する」といって、うちを辞めていきました。

私はそれでいいと思うんです。そうやって自分を探して、天職《てんしょく》を見つけていけばいいんです。

ご飯を食べていても、寝ていても、自分にとって不本意なことをしていても、たとえ何もせずにボーッとしていても、命は自動的にかかっています。

そのことを自覚していれば、それは、命がけで仕事をしていることになるんですよ。

答え **命は自動的にかかっています。そのことを自覚して仕事をしましょう。**

10

女性が起業するのは、むずかしいでしょうか？

男性でも女性でも、起業することについては基本的に同じです。一人《ひとり》さんはこのことについて、男女で分けて考えてなどいませんし、私も男性と女性で違いはないと思います。

ただ、現実問題として事業を起こすとなると、女性のほうがむしろ取り組みやすい時代かもしれません。

その理由は、現代では男性よりも女性のほうが選択肢《し》は多いからなんです。

今の女性の場合、結婚してもいいし、仕事をしてもいい、仕事をするのでもどこかの会社でＯＬをしてもいいし、事業を起こしてもいい、こんなふうにいろんな選択肢があるんですね。

でも、男性の場合、サラリーマンを辞めてまで事業を起こせるかといえば、簡単には踏み切れません。それで職を失っちゃえば家族にご飯を食べさせられなくなる、そう思うからなんです。男性は、そんな責任を負わされているんですね。

昔は男性のほうが自由で、女性は家庭に縛《しば》り付けられるなどの不自由な立場に置かれていました。でも、今では男性は仕事ができて当たり前という目で見られますから、自由に職業を選びにくいようです。

それに比べれば、女性のほうが自分の幸せや、天職《てんしょく》などを優先して人生を選びやすくなっています。

今でも女性は不自由だと思っている人もいますが、周りをよく見てください。現代はもう、女だからできないという時代ではないとわかるはずです。

答え 女だからできないという時代ではありません。

11

独立したい気持ちは強いんですが、不安感もあります。

ある人に、女性でビジネスを起こすのはどんな人でしょうかと尋《たず》ねられたことがありますが、私は、

「それは、起業をしたい人です」

とお答えしました。ビジネスをやりたい、商売を始めたいという気持ちが自然と起これば、それでいいんだと思うんです。

そんな人は、起業に必要なものを呼び寄せる糸を、もう自分で周囲に出しているものです。起業したいという気持ちになるということは、その糸をたぐりよせて、必要なものを呼んでいるはずですから、きっとチャンスが来るんです。

とはいっても、現実には「本当に私が商売を始められるかな」と思っている人もいる

でしょうね。特に主婦の場合だと、家のことがいろいろと気になってくるでしょう。それに、「やりたい」という願望と「やれる」ということは別だし、実際に商売を始めようと考えると、なんだか怖《こわ》くなるかもしれません。

私もそうでした。父は私に水産会社を継がせるつもりでしたから、独立して商売なんて許してくれるはずがありません。それに、当時の夫もイイ顔をしないはずです。そして何よりも、私にはまだ小さな子供が二人いましたから家事が大変で、これがいちばん不安な点でした。

それでも自分で商売がしたいという私の気持ちは消えませんでした。そこで、一人《ひとり》さんに、「私、自分で商売がしたいんだけど」と、よく相談したんです。

一人さんは私の家の事情についてよく知っていましたから、初めのうちは、「おまっちゃん、そりゃ無理だよ。まだ子供だってちびっちゃいし、いつやるの？」と笑っていたんです。きっと、私が思いつめたり、無理をしたりしないようにと、気づかってくれたんですね。

でも、そのうち私の気持ちがどうしても変わらないのを察してくれて、ある日、「これ、読んでみな」

と、一冊の本を渡してくれたんです。

それが、小島直記《こじまなおき》著『まかり通る』(現・東洋経済新報社刊)だったんですよ。昔の大実業家たちが、最初は小さな商売から身を起こして、何度も何度も失敗し、そのたびに大きくなっていくんです。その様子がすごくわかりやすく書いてあるんですよ。

「なんだ、最初からすごい人なんていないんだ。小さいところから始めて、少しずつ大きくすればいいんだ」

この本を読んで、それまでの不安が軽くなり、「私でもやれる」と思えるようになったんです。

一人さんは『まかり通る』を教えてくれることで、最後の一歩を躊躇《ちゅうちょ》していた私の背中をポンと押してくれたんです。

これが私にとって商売を始めるための最後の準備だったのかもしれません。「やりたい」という気持ちが一人さんに伝わり、その準備をさせてくれたんですね。

今ではこの本を私はスタッフにも読むようにすすめているんですよ。

これは起業を志す人だけでなく、会社で働いている人にも読んでほしいですね。会社に入る人は、課長、部長、役員、そして社長と昇進したいんだと思うんです。でも、最初から社長になれるわけじゃありません。最初はみんな、小さなことからやらなきゃいけないんだということがよくわかるんです。

「やりたい」という気持ちが本当にあれば、心の準備も含めて、そのために必要なことを引き寄せてくれるんですよ。

答え **「やりたい」という気持ちがあれば、心の準備もいつか引き寄せられてきます。**

12

独立して商売するには、どんな準備があればいいでしょうか？

商売について、私たちが師匠《ししょう》である一人《ひとり》さんに教わったことは、

「お金をできるだけかけるな」

ということです。

私が商売を始めたときも、お金はほとんどかけませんでした。

始めた場所は自宅でしたし、商品を並べる棚も、元々自宅にあった本箱から本をどけてつかっていました。看板なんかは、セブンイレブンで不用になったものをいただき、板を取りかえて手書きでつくりました。商品の在庫を持つようなお金もなかったので、空《から》っぽのダンボール箱を積んで、あたかも商品がそこにあるかのようにしていたものです。それで、注文を受けてからその分だけ商品を仕入れていたんです。

こんな具合に始めた私でも成功することができたんですから、商売を始めるに当たって、資金がいくら必要だとか、事務所は最低このくらいのものが必要だとか、お金や物の面で絶対に必要な準備というのは、特にないんだと思うんですよ。

ただしね、大切な準備があるんです。

それは、

「きちんとした人間関係を築《きず》ける人になる」

ということなんです。

「人間関係をつくるのが下手《へた》だから、会社を辞めて独立でもしようかな」

こんなことをいう人がいますが、これは大きな間違いです。お金のかからない人間関係さえ自分の周囲につくれない人が、お金を出して物を買ってくれるような人間関係をつくれるわけがありません。きちんとした人間関係がつくれない人は、商売の道に入らないほうがいいと思いますよ。

いくら儲《もう》ける方法を教わっても、人間関係を築けなければ、なんにもならないんです。社長になったって、スタッフが社長を嫌いでは話になりませんし、いくら立派な広告を出しても、お店に来たお客さんに嫌われたら帰られちゃいますものね。

私を含め、一人さんの弟子になった人は、最初は人生の考え方についていろいろと教わっていたんです。すると、ある日、一人さんが、

「人生をよく生きる方法と、よくお金を儲ける方法は同じだよ」

といったんですよ。そのときから、私たちは人生についてだけでなく、商売についても教わるようになったんです。でも、正直にいって、最初のうち、私には一人さんのこの言葉の真意がよくわかっていませんでした。

それでも、一人さんから教わったことをよく考え、一生懸命に実行しているうちに、いつの間にかよい人間関係をつくれるようになっていたんですね。

例えば、一人さんは、

「ウソをつかない、ごまかさない商売をしなさい」

と教えてくれたんです。今から思えば、このことは人間関係をよくするのにとても大事なことだったんですね。

一人さんの教えてくれたことのおかげで、知らず知らずのうちに、よい人間関係を築けるようになっていた私は、商売を始めても、多くの人たちに助けてもらえるようになり、成功をつかむことができたんだと思うんです。

そういえば、商売を始めてしばらく経《た》ったころ、ある人にこんなことをいわれたのを思い出します。

「和美さんが商売を始めたとき、すごい大勢の味方がいたんだよ。和美さんには、応援してあげたくなるようなところがあるんだね」

私が商売を始めるといったとき、ずいぶんたくさんの人に反対されました。ところが、いざ商売を始めてみると、そのときに反対していた人が全員、味方になってくれたんです。反対していたのは意地悪《いじわる》なんかじゃなくて、私のことを本当に心配してくれたからだったんですね。

私自身は夢中だったので、実は、いわれるまではそのことに気づいていなかったんですが、振り返ってみると、本当に思い当たることだらけだったんですよ。

例えば、最初に商売を始めたころもそうでした。一人さんは商品を売るときに、「まず、それを自分の身近な人にすすめるんだよ」と教えてくれたんで、これを実行して商品を知り合いにすすめてみたんです。すると、

「あなたがすすめるんだったら、買ってもいい」

そういってくれる人たちが大勢いたんですよ。その上、その人たちは私の商品をほか

の人にまで広めてくれました。私にもなんとか商売がやれたのには、こうした人たちのおかげがあったんです。

また、商売を名古屋へ広げたときにも、このことをすごく実感したんですよ。

私は生まれも育ちも関東です。まるかんの仕事を始めてから、一人さんに最初は東京を、つづいて埼玉を任せてもらったんです。それから、名古屋を担当させてもらうことになりました。このときに、名古屋へは生まれて初めて行ったんですよ。もちろん知らない人ばかりで、「どうやって商《あきな》いをしようか」って思っていたんです。

私は下町《したまち》で育ったので、どうしても下町の空気がしっくりくるんですね。それで、名古屋でも、最初は下町の雰囲気《ふんいき》がある商店街に事務所を借りたんですよ。すると、その商店街でみなさんが私を助けてくれるんです。

事務所を借りるのに物件を探せば不動産屋さんが味方についてくれる。事務所を借りれば大家《おおや》さんが助けてくれて、買い物に全部付き合ってくれる。買い物に行けば、お店の人が味方になってくれる。こんなふうでした。

大家さんは本当にいい人で、例えば、買い物に付き合ってくれたときに、名古屋弁でこういうんです。

「あんた、なんで値切らんの？　値札《ねふだ》どおりに買ってどうする。値切らなあかん」

私は「えっ？」って驚いたんです。関東の習慣が身についている私には、値札のあるものを値切っていいなんて思いもしませんでした。でも、名古屋では値札があっても値切るのが当たり前だったんですね。

このことを教わってからは、まず自分の目で見てその物の価値を判断し、必ず値切るようになりました。その土地ごとに商売の習慣は違います。名古屋で商売をするからには、このことはとても大事な基本だったんです。私は大家さんに大切なことを教えてもらったわけです。

こんな具合に、名古屋では行く先々でみなさんに助けられながら商売ができたんです。商売は人に助けられて成り立ちます。人間関係をきちんとつくれれば、きっと成功できますよ。

答え　ウソをつかない、ごまかさない商売をしていれば、いつか、よい人間関係ができて、みなさんが商売を助けてくれます。

13

人間関係をつくれる人になるにはどうすればいいですか？

一人《ひとり》さんは私たちに、いつもこういいます。

「豊かな心になりなよ」

昔は、一人さんの教えてくれることを夢中になって実行していたのでよくわからなかったんですが、今から思えば、これまで教えてくれたことはすべてこの言葉へとつながっていた気がするんです。

そして、一人さんが、豊かな心になるために私たちへと教えてくれた方法は、どれも、人間関係をよくしていくことばかりでした。

つまり、ほかの人を思いやる愛情を持つことが、自分の心を豊かにしてくれると教えてくれていたんですよ。

愛を持って人と接すること。これが人間関係をよくすると同時に、自分の心を豊かにすることでもあるんです。

そして、これこそが、人生を幸せにする道でもあり、商売を成功させる方法でもあったんですね。

一人さんの教えてくれることを実行しているうち、私はそうとは自覚しないうちに、このことを実践していたみたいなんですよ。

そういえば、名古屋で商売を始めたころにも、思い当たることがあります。

例えば、私を助けてくれた人たちが、みなさんおっしゃることがあったんです。それは、

「なんで、名古屋みたいな日本一商売のむずかしいところへ来たの？」

ということでした。

ところが、私はそういわれても、ピンとこなかったんです。

だって、名古屋に来ていらい、いつもみなさんが助けてくれるし、みなさんが私の面倒《めんどう》を見てくださるんですから。

ある雑誌の取材で、俳優の森山周一郎《もりやましゅういちろう》さんがいらっしゃったことがあるんですが、

森山さんからもいわれました。

「なんで、愛知に来たんですか？」

私は、その質問の意味自体がよくわかりませんといって、こんなふうにお答えしました。

「愛知の人はいい人ばかりですよ。日本全国、人は変わりません。みんな、いい人しかいないんですもの」

森山さんもそうですが、愛知の人はいいたいことをとてもはっきりと表現してくれるので、私にはすごく付き合いやすかったんです。この取材のときも、私がお答えしたことをちゃんと載せてくださいました。こうした、はっきりと表現してくれるところを見ても、愛知の人は本当にいい人だと思うんです。

名古屋での商売は順調に伸びました。そのころは夢中でしたからよくわかっていませんでしたが、今から思えば、当時の私が「愛知の人はみんないい人」だと思っていたのがよかったようです。

確かに、名古屋はほかの土地と少し違う習慣も多く、商売のむずかしいところだといわれているようですし、名古屋の人もそう思っています。そんな土地へ、何も知らずに能天気な私が「みんないい人」と信じきってやって来たものですから、名古屋の人たちも放っておけないと思ってくださったのでしょう。

でも、何も知らない私を放っておけないんですから、やっぱり名古屋の人たちはいい人ばかりだったと思うんですよ。

私は、出会う人はみんないい人だと思っているし、そう口に出していっています。すると、みなさんがまたいい人を呼んでくれるんです。

これとは反対に、出会ったばかりでよく知らない人のことを、「この人は怖《こわ》い人じゃないか？」と思っていると、本当に怖い人になっちゃうかもしれないし、まだ出会ってもいない大勢の人たちのことを「怖い人ばかりいるんじゃないか？」なんて思っていると、そんな人ばかりがやって来るのかもしれません。

名古屋で商売を始めたときも、私が「名古屋の商売はむずかしい。名古屋の人は付き合うのがむずかしい人ばかり」なんて思っていたら、きっと本当に付き合いづらい人ばかりになり、商売がむずかしくなったんだろうと思うんです。

よい人間関係をつくるのは、愛を持って人と接することから始まる。

一人さんは私たちに、そう教えてくれたんですよ。

いい人に巡《めぐ》りあって、何かと手助けしてもらえるような人間関係がつくりたかったら、まず、「みんないい人」と思いましょう。自分がそう思えば、きっとみんなもあなたのことを「いい人ね」と思ってくれます。

答え　愛を持って人に接し、「みんないい人」と思いましょう。

ちょっと得するお話1 仕事を成功させるコツ

簡単なことからやりましょう

朝起きたら、「今日は何をやろうかな」と一日にやることを書いて、そのリストを見ながら順番を決めるといいんですよ。

一人《ひとり》さんに教わったのですが、このときに、やらなきゃいけないことを優先して順番をつけちゃダメ。自分のやりたいこと、簡単にできそうなことから先にやるんですよ。「やらなきゃいけない」を優先しちゃうと気持ちが重くなるし、むずかしいことが先に来たりしてうまくいきません。一日の最初からつまずいちゃうんです。「やりたい」「簡単そう」を優先すると、どんどん片づいちゃいますから、仕事に勢いが出るんです。

その勢いがついたところでむずかしいことをやれば、「意外と簡単だったね」ってなるんですよ。お得でしょう。

リストについては、夜寝る前や一日の仕事が終わった後に、次の日の分をつくるのでもいいです。

また、予定の仕事にやり残しが出ても、気にする必要はありません。それは次の日にやればいいだけですからね。

気分は相性のコンパス

気分屋《きぶんや》の人って多いですよね。私もあまりに気分にムラがあるので、自分のことを「キムラー」って呼んでたほどの気分屋なんです。気分屋ってハイになったり落ち込んだりが激しくて、疲れるんですよね。それに、周《まわ》りの人にも迷惑かけちゃうんです。

だから、私は気分屋なことをマイナスに考えちゃってたんですね。

そんなとき、一人《ひとり》さんがいいことを教えてくれたんですよ。

それが、「気分を自分との相性《あいしょう》のコンパスとして使うこと」だったんです。気分がよくなる物や人は自分と相性が合う、気分が悪くなる場合は自分とは相性が合わない、そんなふうに判断するんです。自分との相性って頭で考えてもわからないことなんです。

それを、気分屋は自分の気分で判断できるんですから、便利なんですよ。

ただし、これはあくまでも自分との相性の問題で、その人や物が本当によいか悪いかとは別ですし、それに、その気分はそれと出会った瞬間の相性を表しているにすぎないので、別のときになるとまた変わることがあります。この二つに注意してね。

ハンコについて

ハンコは大事にしたほうがいいですよ。だって、自分の名前ですものね。でも、高いハンコを買う必要はないみたいです。ハンコには印相《いんそう》というのがあって、いろいろとむずかしいことがあるそうなんですが、私たちが一人《ひとり》さんから教わっているのを簡単にお伝えします。

まず、あんまりバランスが崩れているのはよくないみたいです。

それと、形は丸でも四角でもいいんですが、周りの枠《わく》に字がくっついているハンコがいいそうです。上が二ヶ所、下が二ヶ所の、全部で四ヶ所がくっついているのがいいと教わりました。

気をつけたいのは、ハンコが欠けてちゃダメってことです。銀行印に欠けたハンコを使っていると、お金もどんどん欠けていくんですよ。銀行印は簡単に替えられますから、欠けのないものにしたほうがいいですよ。

ハンコは大事にして、上手《じょうず》に付き合いましょう。

神様がくれたアイデア

突然、頭の中にポンとアイデアの出ることがありますよね。でも、人によっては「こんな思いつき、きっとダメよね」とか、「私の考えたことなんか」って思っちゃって、それを実行しないんです。あれって、本当にもったいないんですよ。だって、こういうときのアイデアはたいていイケるんですから。

こういう人は自分が信じられないから、こうなっちゃうんですよね。そんな人に、いいことを教えちゃいます。こんなふうに考えがポンとひらめいたら、こう思ってください。「これは神様のくれたアイデアだ」。

これなら、どんなアイデアだって「すごいんだ」と信じられるでしょう。なにせ、神様がくれたんですから。

でも、これ本当なんですよ。だって不思議でしょう、突然ひらめくんですから。一人《ひとり》さんが教えてくれたんですけれど、これをくれた神様は自分の中にいるんだそうです。

「自分が考えたんじゃない。神様がくれたんだ」。これを覚えておいて、これからは自信を持って、いいアイデアをばんばん実行しちゃいましょう。

PART

2

よい人間関係は、幸せへの近道です

幸せのもとは人間関係にあり、そして、人間関係は心の豊かさと密接な関連を持っています。そこで、この章では人付き合い一般についての考え方をご紹介します。好かれる人になる方法、人の魅力《みりょく》とは何か、嫉妬《しっと》や相性《あいしょう》の問題、仲間外《はず》れ、そして、恋愛についてなど、人付き合いに関する相談についてお話ししながら、人間関係と心の豊かさがどのように関連しているのかお話ししていきます。

14
どうすれば、みんなに好かれる人になれるでしょうか？

人から好かれる方法として、私たちが一人《ひとり》さんから教わっているのは、次の二つなんですよ。

まず一つは、赤い花はより赤く咲く、黄色い花はより黄色く咲くということ。

これは、自分がどんな人間なのかより鮮明《せんめい》に出すということです。「私はこういう生き方なのよ」というのを清々《すがすが》しくいえるのなら、それを出しつづけるんです。それを隠《かく》したり、中途半端《ちゅうとはんぱ》に引っ込めたり、ほかのことと取り混ぜたりしないで見せていくんです。そうすると周りの人には、あなたがわかりやすくなるわけですね。

でも、あなたのいうことや態度なんかがいつも同じでないと、ほかの人があなたを好きになることもできなくなるんですよ。

料理屋さんでも、食べに行くたびに味が違っていると、ファンになりにくいでしょう。それと同じなんです。

こんなふうにパーソナリティをはっきり出すと、「あっ、それ好き」という人はいつでも近づけますし、それが嫌いだという人はいつでも離れられるんです。

でも、どちらかよくわからないということだと、ファンができにくいんですよ。だって、どんな人かわからない人のファンにはなれないでしょう。

もう一つは、好かれたいのであれば、好きになりなさいということ。

もしだれかに好かれたいのであれば、まずあなたが好きになることです。愛されたいのであれば、まずあなたが愛せばいいんです。大勢の人に好かれたいのなら、大勢の人をまず好きになれなければいけないということなんです。

大事なのはこの二つです。

でも、注意したほうがいいことが一つあります。それは、

「全員に好かれると思うな」

ということです。これも一人さんに教わったことなんですよ。

元々、私は人を好きになるのは楽だったんです。でも、それが高《こう》じてしまい、人に嫌

われたくないばかりに、自分を出せなくなってしまったんですね。それで自分の本当の気持ちを閉じ込めて、いつの間にか「なんだか楽しくないな」と思いながら人と接するようになってしまっていたんです。

そんな私を一人さんは見てくれていたんですね。ある日、いつもの笑顔を浮かべながら、本当に心に染《し》み込んでくるような声で、こう教えてくれたんです。

「おまっちゃん、いいかい。自分のファンは一人いればいいんだよ。好いてくれる人が一人いれば、それでいいんだ。だから、嫌われるのを怖《こわ》がって、自分の気持ちを隠さなくていいんだよ」

こう教わって、私は目の前がパッと明るくなった気がしたんですよ。それいらい、私はのびのびと自分を出せるようになったんです。「これで嫌われたら、直せばいい」そう思えるようになったんですよ。

私は出会った人はみんな縁《えん》があったと思っていますから、全力で自分のできることをします。そのときに、相手によって反応が違うんです。私のいうことやすることを喜んでくれて近づいてくる人もいますし、遠ざかっていく人もいます。

つまり、私がみんなに同じように接すると、向こうが勝手にどうするのか選んでくれるんですね。それでいいんだと思うんですよ。

人に嫌われて苦い思いをした人ほど、だれかに嫌われることを怖がるようになってしまいます。そんな人はぜひ一人さんの言葉を思い出してください。

きっと、あなたの心を楽にしてくれます。

答え **好かれたければ、赤い花はより赤く咲くこと、まずあなたが好きになること。この二つが大事です。「自分のファンは一人いればいい」という言葉も忘れないで。**

15
どうしてもムシの好かない人がいます。

人間同士の相性《あいしょう》というのはありますよね。何かにつけてカンに触《さわ》って、どうしても好きになれない。そんな人っているもんです。

ところが、相性の悪い人であっても、なんとか付き合っていかなければいけない場合もあるんですよね。例えば、同じ職場で協力して仕事をしなければならないとか、同じクラスで共同研究しなければならないとか、あるいは、フィアンセの親だからこれからずっとお付き合いがつづくとか……。

そうなると、たとえ相性の悪い人であっても、お付き合いしないわけにはいかなくなっちゃうんです。

でも、相性の悪い人ってどんな人だと思います？　それがわかれば、なんとかなりそうな気がしますよね。

昔、一人《ひとり》さんが私に教えてくれたことがあるんですよ。

「鏡を見たときに、自分の顔にシミがあると、『イヤだな』と思うだろう。ムシの好かない人というのもこれと同じこと。自分の弱点と同じものを持っている人のことなんだ。

人間は、自分の持っている欠点と同じものを嫌うんだよ」

目からウロコが落ちるっていいますけれど、本当にそういうのってあるんですね。このときの私がちょうどそんな感じでした。

例えば、自分のことを本当は短気だと思っていて、それがイヤなのに、そのことから目をそらしている人がいるとします。そこへ、同じように短気な人が現れるんです。そうすると、見たくないと思っている自分の欠点を無理に鏡で見せられているのと同じことになり、その人が許せないような気持ちになっちゃうんですよ。「私、自分のこういうところがイヤ」と思っているところを、その人にまざまざと見せ付けられてしまうからなんです。

つまり、相性の悪い人に腹を立てるのは、自分に腹を立てているということなんですね。

ですから、私はうちの職場で相性の悪い二人がいたら、私も含めて三人で一緒に話し合うことにしているんです。それは居酒屋で三人でお酒を飲みながらなんてこともあるし、普通の会議のときにも、ちょっと中断して二人を連れ出して、話し合うときもあります。

そんなとき、だいたいは、二人とも同じことをいうものなんですよ。例えば、

「この人は、私の話を聞かないいからいけないんです」

「話を聞かないのは、あなたのほうでしょう」

こんな具合です。こうやって話し合うことで、両方に共通した欠点があることを気づかせてあげるようにしているんですよ。

相手のイヤな点が、実は自分の欠点でもあると気づけば、心の幅がふっと広がるんです。「あの人だけじゃない。自分も同じだ」と思えば、その人を愛せるようになり、かえって、いい友達になれたりもするんですよ。

相性の悪い人がいたら、その人のイヤなところが自分にもないか探してみてください。それに気づくと、その人を愛せるようになりますよ。

ところで、自分の近い距離にこういう相手が出てくるのは、なぜだろうと思ったことがありませんか？「どうしてあんな人が私と同じ会社に来たんだろう？」とか、「なんで、あの人と一緒に組むのが、よりによって私なんだろう？」とかね。

もちろん私にも、相性の悪い人というのがいます。それでね、昔、いつものように一人さんとお話ししていたときに、つい、愚痴《ぐち》っぽくいっちゃったことがあるんです。

「なんで、あんなムシの好かない人が、私の目の前に現れたんだろう？」ってね。

すると、一人さんは明るく笑って、こう教えてくれたんですよ。

「それはね、おまっちゃんの心を豊かにするために、もっとも修行《しゅぎょう》になる相手が出てきてくれたってことなんだよ。

だって、逃げられないようなところに相性の悪い人が出てきたんだから、受け入れるしかないだろう。つまり、これはおまっちゃんの心の問題なんだ。

自分を変えて、その人を受け入れられるようになれば、その分だけ自分の器を大きくできる。だって、相性の悪い人が自分の前に現れれば、いろんな角度から自分のことを見つめなおせるんだから。

おまっちゃん、ラッキーだね」

私は「ああ、本当にそのとおりだ」と思ったんです。

それからは、ムシの好かない相性の悪い人と出会っても、私はそれほどイヤなことだとは思わずにすむようになったんですよ。

「あの人のあそこが悪い。ここが気に入らない」というのは、全部、自分自身にいっていいます。ムシの好かない人というのは、そこからあなたがいちばん学べる、ありがたい存在なんですよ。

答え **自分の器を大きくするチャンスです。その人と同じ欠点が自分にないか探してみれば、きっと仲良くなれます。**

16

人のやる気に水をさすことをいう人がいます。こんなとき、どうやって落ち込んだ気分を回復させればいいでしょう。

こういう人っていますよね。例えば、だれかがせっかく新しいことに挑戦しようと燃えていると、「どうせ、そんなのはダメに決まってる」とか、「前にもそんなことをやった人がいたけど、結局失敗したんだよな」とか、イヤなことをいうんです。

こんなときには、「ツイてる」とか、「いいことが山ほど起きる」とか、「大丈夫《だいじょうぶ》、大丈夫」とか、肯定的な言葉を何度も繰り返しいっていると、自分の気持ちをもう一度、盛り上げることができるんです。

これは本当に効き目があるんですよ。

でも、こう思っちゃう人もいるみたいですね。

「落ち込んでいるときに、『ツイてる』なんていえないよ。そんな気分になれないもの」

確かに、急に肯定的なことをいおうと思っても、できないかもしれませんね。

だったら、これを口癖《くちぐせ》にしちゃえばいいんですよ。

だれにでも口癖ってあります。例えば、「ちぇっ」とすぐ舌打《したう》ちする人とか、「あーあ」とため息つくのが口癖になっている人なんかいますよね。舌打ちとかため息とかは自分の気分を落ち込ませてしまうんです。悪い癖だから直したほうがいいんですけれど、なかなか直らないんですよね。

これと同じで、ふだんから「ツイてる」といっていればいいんです。いいときも悪いときも関係なく、いつも「ツイてる」とか、「大丈夫」とかいっていれば、それがいつの間にか口癖になります。（235ページのチェックシートもご活用ください）

そうすれば、イヤなことがあっても、肯定的な言葉をいえるようになるんです。だって、癖なんですから。

私たちが一人《ひとり》さんに教わっているのは、こんな具合に、肯定的な言葉をいうのを癖にしてしまうことなんですね。

それとね、何かをやろうとするのなら、このくらいのことは最初から当たり前だと思ったほうがいいんですよ。

イヤなことをいわれた経験は私たちにもあります。そんなときにはね、一人さんはとても朗《ほが》らかに、こういって励ましてくれたんですよ。

「イヤなことをいわれるのなんて、歩いていて、そよ風が吹いたようなもんだよ。もっと足を引っ張られるよ。もっとガンガンいわれる。根回しして反対する人もいる。この程度のそよ風を抵抗なんて呼ぶのは、間違い。

事を成すというのは大変なことなんだよ。子供一人産むのだって、あれだけ痛い思いをする。これから人のできないことをやろうというのは、あのくらい大変なんだ。

『いい気になっていると、災難が降りかかるよ』なんて不吉なことをいって、人の足を引っ張ろうなんてヤツもいる。そんなヤツにはこういってやればいいんだよ。

『あんた、そんなことをいっていると、自分に災《わざわ》いが降りかかるから、よしな』

そういって、説教の二、三発も食らわしてやらなきゃダメ。正しいことをしていて災いが降りかかるんだったら、この世のいい人はみんな死んでる。

そういうことはありえないんだ。

正しいことを正しいといえる。それが指導者なんだよ。

何かをやろうとする人というのは、そういう人になるということなんだ。

だから、がんばりな」
イヤなことをいわれるくらいはそよ風。
何かをやろうとする人は、そう思えるだけの覚悟《かくご》を持ったほうがいいんですね。

答え **何かをするのなら、「イヤなことをいわれるくらいはそよ風だ」と思いましょう。「ツイてる」などの言葉を口癖にしてしまえば、イヤなことがあってもすぐに立ち直れます。**

17

仲間外れ❶

グループで仲間外れにあっています。

女性にはグループをつくりたがる人がいて、そこから仲間外《はず》れにされるとつらいんですよね。学校にも会社にも仲良しグループをつくる人たちはいて、だれかを仲間外れにしたりイジメたりするなんて話はよくあるみたいです。

また、主婦の場合にも「公園デビュー」なんていって、同じ公園で子供を遊ばせるお母さんのグループに入るのに気をつかわなきゃいけないそうで、それで仲間外れにされて悩むこともあるらしいですね。

実は、私にも大人になってから同じような経験をしたことがあります。同じ年ごろの子供を持っているお母さんたちが喫茶店に集まったりしたとき、なぜか私だけ無視されたり、イヤなことをいわれるんです。例えば、「あんたはいいわよね。お父さんは会社をやっているし」なんていわれたりしたんですよ。

こんなことがあると、本当に悲しい気持ちになって、落ち込んじゃうんですよね。私もそうでした。

私は一人《ひとり》さんになんでも相談して、本当にいろんなことを教わってきました。私の相談事を聞くと、一人さんはいつも明るく笑って、ときにはユーモアを交えてそれに答えてくれるんです。その話が楽しくて、聞き終わったころには私の心はすっかり明るくなっているんですよ。一人さんの言葉を聞くと、それまでモヤモヤと黒い雲が広がっていたような私の心に、サアーッと光が広がっていくような気がするんです。

そして、私に本当につらいことがあると、一人さんは明るいだけでなく、とても力強い言葉で、私の目を開かせてくれることもあるんです。

私は仲間外れのことも一人さんに相談しました。するとこのときも、一人さんからは、力強い言葉が返ってきたんです。

「それは、おまっちゃんが弱いふりをしているからだよ。意見をしっかりといわないで、向こうのいいなりになっているからそうなる。

しっかりと、自分の意見をいえばいいんだよ。

『命』という漢字は、『人』は『一』度は『叩《たた》』かれると書く。だから、生きているうちは、一度は叩かれるもんだと思っておかなきゃいけない。

仲間外れにされたり、イジメにあったり、いろんなことがあるよね。でも、この世からイジメをなくすことはできないんだよ。人殺しをなくすこともできない。

だから、自分がイジメをしない、人殺しをしない、意地悪《いじわる》をしない、このことを貫《つらぬ》き通せばいいんだ。それを貫いているうちに、必ずその人の実力どおりにはなる。

いい人ならば、必ず仲間もやってくるんだよ」

私はそれまでも、一人さんからたくさんのことを教わっていました。その多くの言葉と合わせて、この言葉についてよく考えてみたんです。

これはね、自分の意見をいえば、すぐに仲間外れやイジメが解決するということじゃないんです。仲間外れやイジメを単なる悩みで終わらせるんじゃなく、自分が成長するためのチャンスにしなさいということなんです。

きちんと意見をいわないと相手には伝わらなくて、いつまで経《た》ってもただ悩んでいなきゃいけないんです。これでは自分の成長につながりません。

でも、自分の意見をいうと、仲間外れやイジメをしている人たちから反応が返ってくるんです。その人たちが何を考えているのか、どんな人たちなのか学ぶことができるんですよ。そして、自分がどうなりたいのか、はっきりとしてくるんです。

「私は、あんなことはしたくない。これからも、あんなことをする人にはならない」って思えるようになるんですね。これからどう生きるのか、しっかりと確認できるようになるんです。

一人さんはきっと、こう教えてくれたんだと思うんですよ。

仲間外れをイヤなことだと思っても、ほかの人を変えることはできません。人は一度は叩かれるんだと覚悟して生きるしかないんです。

でも、自分は変えられるんです。だったら、自分がイヤだと思うことをほかの人にはしないと強く決意すれば、仲間外れやイジメなんかも、自分のことを向上させるいいチャンスになるんですよ。

答え　自分を向上させるチャンスです。自分はそういうことをしないと決意して生きましょう。

18

仲間外れ❷
本当に魅力ある人とはどんな人でしょうか。

仲間外《はず》れやイジメって、本当につらいですよね。でも、とても大切なことを学び、素晴《すば》らしいものを身につけるチャンスでもあるんです。

その一つが「人としての本当の魅力《みりょく》」なんですよ。

このことについて、一人《ひとり》さんが私たちに教えてくれたことがあるんです。それを、みなさんにお伝えしますね。

仲間外れなんかをするグループにはリーダーがいますよね。そういう人は、グループの中で人気があるからリーダーなんです。

でも、人気というのは、人徳《じんとく》とは違うんですよ。

例えば、人気のあるアイドルがいると、その追っかけをする人がよくいますよね。あれは、自分のことを忘れているんです。

このことでもよくわかるんですが、人気というのは、ほかの人の気を奪うことなんだそうですよ。

一人さんは、私たちにこう教えてくれました。

「人は、ほかの人に好かれようとして言葉を飾《かざ》ってしまう。その飾った言葉なんかで、人の気を奪ってしまうのが人気なんだ。でも、こうした人の心には花がないから、その言葉にも花がないんだよ。

でも、人徳がある人というのは違う。その人といると、その人の心が自分に染《し》みわたって来る、そういう人のことを人徳があるというんだ。人徳は人の気を奪うんじゃなくて、むしろ人に気を与えるんだね。

人徳がある人は心に花がある。心に花があるから、話すことが花になる。その花がほかの人の心に染みていくんだよ」

つまり、本当に魅力のある人というのは、人気のある人ではなく人徳のある人のことなんですよ。

これも一人さんが教えてくれたんですが、「徳ある人は孤ならず」という言葉があるんだそうです。人徳のある人は孤独ではない、その周《まわ》りには必ず人が集まってくる。そういう意味なんだそうですよ。

私たちが仲間外れになって孤独感を感じているとき、一人さんはこういって励ましてくれるんです。

「今は叩《たた》かれる時期なんだと思って、それにめげずに、自分はそういうことをしないで淡々《たんたん》と生きていれば、必ず人徳がついてくる。そうすれば、その人徳が染みわたるようになって、人が集まるようになるんだよ」

仲間外れやイジメなんかは、本当の魅力をつける絶好のチャンスなんです。

仲間外れやイジメにあっても、あなたは決して一人ぼっちなんかじゃありません。

あなたがそれに負けずに、しっかりと自分の心を向上させれば、必ず仲間がやって来ます。

答え 人徳ある人が、本当に魅力ある人です。

19

好きな人ができてから自分の生活がメチャクチャです。このままでは、自分がダメな人間になっていきそうです。

人を愛するというのは、愛した人も愛された人も、絶対に両方がよくなるんです。そうでなければ、それを愛とは呼べないと思うんですね。

これが私の愛の定義なんですよ。

私にも中学のとき同じようなことがあったんです。

初めて男の人を好きになって、寝ても覚《さ》めても、そのことばかりが頭にあって、頭がポヤポヤっとしちゃったんです。ある人が仲立ちになってくれて、一緒のグループでどこかに出かけたりしたんですが、私は自分の気持ちすらその人にいえなくて、向こうがどう思っているのかも全然わからなかったんですよ。

それで、もんもんとした状態がつづいていたら、ふだんの生活もいろんな面でレベルが落ちてきちゃったんです。何だか学校へ行きたくなくなってきたり、勉強にも身が入らなくて、それまではいつも五番以内に入っていた成績が、急に三〇番ぐらいに落ちちゃいました。

それを見た父に、すごく叱《しか》られたんです。「おまえの仕事は勉学だ。それなのにこんなに成績を落として、おまえは何をやってるんだ！」。そう怒鳴《どな》った父は、私が勉強をサボっていると思い、私を家から追い出しました。私の机も布団《ふとん》も、みんな外へ放り出してしまったんですよ。

このときに、私は思ったんです。

「あの人を好きになって、こんなひどいことになるなんて、これが愛っていえるんだろうか？」

これがきっかけになって、さっきの愛の定義へとたどり着きました。

人を愛したら、自分もその人も、両方がそれまでよりもよくならなきゃウソです。

私はそう思うんですよ。だれかを好きになって自分の生活がメチャメチャになったり、自分を犠牲にしたり、そんなのおかしいんです。自分が好きになったことで、相手の人が不幸になるのもおかしいんです。そんなのは愛じゃありません。

人を好きになるのをガマンしなさい、っていってるんじゃないんですよ。逆です。もっとたくさん人を好きになってください。そうすれば、もっと上手《じょうず》に人を愛せるようになれますから。

人を好きになることで自分がそれまでよりも悪くなったり、相手の人が不幸になったりするのは、愛し方が下手《へた》だからなんです。

恋も二度目になれば、愛し方が最初の恋よりも上手になるんですよ。中森明菜《なかもりあきな》さんがそんな歌を歌っていましたよね。本当にそうなんです。たくさん人を好きになるうち、少しずつ愛し方が上手になって、自分もその人も両方ともよくなれるような愛し方ができるようになるんです。

人を好きになるのは健全な欲望です。健全な欲望は大いに燃やしていいんです。自分にはこういう欲望がある、だから完全に利他《りた》的にはなれない。でも、ほかの人にもそういう欲望があることを受け入れる。いつも自分がよくなりたいし、ほかの人もよくなって欲しいと思う。

これが愛の前提なんだと思っています。

これは男女の関係に限ったことではありません。いい人間関係の基本は、この愛なんですよ。年齢も性別も関係なく、だれかに出会ったら、その人を好きになれるといいんです。そして好きになったら、それ以前よりもお互いによくなるようにと願い、そうなるように行動するんです。

愛をこんなふうに定義できると、お互いにものすごくいいレベルを目指して付き合っていけるんですよ。

答え **愛し方が上手になればいいんです。たくさん人を好きになれば、自分も相手もよくなる愛し方が、きっとできるようになります。**

20

付き合っている人に二股をかけられて苦しんでいます。

こうしたことでは、私も過去に悩んだことがありました。それを私自身がどう考えて乗り越えていったのか、お話ししますね。

結論からいってしまえば、このまま付き合っていくか、それとも別れるか、決めるしかないと思います。自分が好きになった相手と、その人の二股《ふたまた》を知った後でも、なお付き合いたいかどうか自分の心に聞いてみるんです。

別れるんだったら、それでいいんです。「これまで付き合っていた楽しい時間をありがとう。幸せだった」と思えばいいんですからね。

でも、もしそのまま付き合いたいと思うのならば、自分がどんな考え方をして、どんな態度をすべきなのか、きちんと考えてほしいんです。付き合っていくのなら、どうやれば二人の時間が楽しくなるか、その一点に集中して考えてみるんです。

もし、自分が別の女性に嫉妬《しっと》したり、相手の男性をうらんだり憎んだりしたら、二人の時間は楽しいでしょうか？　人は楽しいほうに引きずられます。楽しくない相手とは会いたくないんですよ。嫉妬したりしていると、相手の男性はあなたと会っていても楽しくなくなって、ますます離れていくんですよ。

男はいろいろな女性が好きです。私を含めて、女性はそのことに関してだけは、なかなか男を許せないんですね。でも本当は、女だっていろいろなものが好きなんですよ。男だって同じなんです。

そう考えて、許せないという気持ちを少しずつ小さくしていって、そんなことよりも、二人の時間を楽しくすることに自分の気持ちを集中するんです。

これは、やっぱり簡単にはできないかもしれません。でも、恋愛の経験を重ねていくと、少しずつできるようになるんですよ。

「別の女とも付き合っているなんて、どうしても許せない。永久に、許せるようになるなんて思えません」

こういう人もいますし、悩んでしまう気持ちもわかります。私も昔そうでした。それで、一人《ひとり》さんに相談したことがあるんですよ。するとね、一人さんはいつもの明るい笑顔で、とても朗《ほが》らかにこう教えてくれたんです。

「自分の惚《ほ》れた相手に自分以外にも好きな人がいるというのは、全然問題じゃない。だって、好きなものはいくつあっても悩みじゃないんだよ。

『あなたにはほかにも好きな人がいるんでしょう。よかった、よかった』

ということ。だから、悩みじゃないことを悩んでいるんだよ。

これは、『うんとたくさんお金があって困っています』というのと同じ。悩まなきゃいけないのは、お金を全然持っていない人なんだよ。

同じことで、本当に悩まなければいけないのは、自分が好きな人も、自分を好きになってくれる人も、一人もいないということなんだよ。

自分には好きな人がいる。相手にも好きな人がたくさんいる。

よかった、よかった」

あまりにもあっけらかんとした答えなんで、私も悩んでいるのがバカバカしくなって、しまいには笑っちゃいました。

でもね、よく考えてみると、一人さんのいっていることは本当だとわかってくるんです。だって、好きな人も、好きになってくれる人もいないなんて、これ以上に不幸なことはないと思いませんか?

自分の好きな人に、自分のほかにも好きな人がいるというのをどうしても許せないとすると、恋愛感情を捨てなければならなくなります。恋愛を何度繰り返しても、そんな男を許せないままだと、そのうちに、だれも好きになれない、だれにも好かれない、そんな女になってしまうんです。

それに比べれば、たとえ二股だろうと自分を好きでいてくれる人がいる、そして、自分にも好きな人がいるということは、とても幸せだと思えるんですよ。

だからね、いっぱい恋愛をしましょう。そうすれば、二股だって乗り越えて、とても幸せな時間を過ごせるようになります。

答え 二人でいる時間を楽しくすることに集中しましょう。

21
社内恋愛で仕事に支障が出ています。

うちでは何年か前までは、社内恋愛禁止でした。これは一人《ひとり》さんと相談して決めていたんです。

本当はね、恋愛はいっぱいすればいいんです。社内の人を好きになったって、ちっともかまわないんですよ。それどころか、会社にいる人を好きになれば、職場にいても気持ちいいし楽しいし、そうやって気持ちがよくなれば仕事だってはかどるはずなんです。

例えば、会社員の男性が自分の部下の女性を好きになったとしますよ。

部下を好きになったんだから、その子を上手《じょうず》に働かせて、いい仕事をさせちゃえばいいんです。そうすれば、部下だけでなく自分だって出世できます。二人とも恋愛で楽しくて、仕事も今までよりできるようになって、こんなにいいことはないんです。

でも、実際にはたいがい、そうはならないんですよね。

頭がポヤポヤになって、仕事ができなくなっちゃうんですね。会社は仕事をするところで、恋愛はおまけなんです。だから、うちでは社内恋愛を禁止にしてたんですよ。

でも、最近では好きにやってもらっています。

その代わり、恋愛で仕事ができなくなるような人は辞めてもらうことにしています。

本当は、恋愛が仕事の邪魔になることなんかないんです。そうなっちゃうのは、経験が少なくて、恋愛が下手《へた》だからなんだと思うんですよ。

人を好きになると頭がハイになりますよね。ハイな状態で、仕事も楽しくやっちゃえばいいんです。それができないのは、自分をコントロールするのが下手だからです。自分をコントロールできないから、嫉妬《しっと》なんかの変な感情が生まれてきたりして、ほかのことをするのにエネルギーが回らなくなっちゃうんですよ。

もっとたくさん恋愛すればいいんです。一人目よりも二人目、それよりも三人目とだんだん恋愛が上手になるんです。要は、慣れなんですよ。

それに、社内恋愛で仕事がうまくいかないといっている人を見ていると、どうもその本当の原因は恋愛じゃないという気もします。そんな人は、元々、仕事に身が入っていなくて暇《ひま》だからだれかに手を出したんです。

つまり、仕事に身が入っていないことを、ただ恋愛のせいにしているだけなんです。

真剣に仕事をしていれば、悩んだりしている暇なんかありませんものね。

答え　恋愛が上手になれば、仕事の邪魔になんかなりません。仕事に身が入っていないのを恋愛のせいにしていないか、考えてみてください。

22

社内恋愛が会社の噂になって困っています。

社内恋愛をしていても自分の仕事そのものはちゃんとできているけれど、社内の噂《うわさ》がイヤだという人もいるみたいですね。

そんな人には、一人《ひとり》さんがこういっていました。

「カツ丼を食えばカツ丼の代金を払うし、寿司でも上《じょう》を頼めば高い。それは当然のことなんだよ。

会社の男と付き合えば、噂になるのは当たり前。これはセットなんだよ。

それなのに、噂になって困るというのは、カツ丼を食いたいけれどお金を払いたくないといっているのと同じ。覚悟が足りないんだよ。

悩みというのは、『私』を変えるしかないんだよ。『他人』を変えようと思うから、絶対解決しないんだ。

噂になるのがイヤならば、『私は社内恋愛をしない』と思えばいい。

噂をする人がイヤだと思うなら、『私はそんな噂はしない』と思えばいい。

それでも社内恋愛がしたいんならば、『噂をされるのは当然なんだ』と覚悟すればいい。そういうことなんだよ」

噂されるのを覚悟しちゃったほうがいいみたいですよ。

答え 社内恋愛と社内の噂になることはセットなんだと覚悟してしまいましょう。

23

不倫の関係でつらい思いをしています。

恋愛を幸せなものにするかどうかは、とらえ方しだいなんだと思うんですよ。

不倫《ふりん》の関係で相談してくる人には、こんなことをいう人もいます。

「奥さんとは必ず離婚して君と一緒になるっていっていたくせに、本当はそんな気なんかなかったんです。私はあいつに遊ばれていたんです」

でもね、一人《ひとり》さんはこんな人に明るくこういうんです。

「遊ばれていたというのは、基本的な間違い。

だって、不倫というもの自体が遊びなんだからね。

遊ばれていると思っちゃダメ」

だって、楽しい思いをしたのは、その男性だけじゃないですよね。自分も楽しんでいたはずなんです。だったら、遊んでいたのはその人だけでなく、自分もなんですよ。幸せだったと思えばいいんです。そのことを後悔したり、相手をうらんだりしちゃダメですよ。

これとは逆に、こういう人もいます。

「私は遊びのつもりだったのに、相手の男が本気になって、奥さんと別れるから結婚してくれというんです。このままだとマズいとは思うんですけれど、何となくズルズルとつづいちゃっているんですよ」

これについて一人さんの意見はもっと明解です。

「それが不倫というものなんだ。

別れたければ別れればいいし、つづけたければそのままズルズルやっていればいいし、遊びながら好きにやるしかない。

だって、レジャーだからね」

私は、一人さんが「不倫はレジャーだ」といい切ったとき、思わず笑っちゃいました。なんか、スカッとしたんですよね。

恋愛はとらえ方で、幸せにも不幸にもなるんです。

一人さんが、不倫の関係を不幸だと思っている人に、よくこういうんですよ。

「例えば、奥さんのいる男性を好きになったとして、このときに、『なんて自分は不幸なんだ』と思っちゃいけない。

昔のヤクザ映画なんかを見ていると、ヒロインの惚《ほ》れた相手がたまたま刑務所に入るんであって、相手が刑務所に入るから、ヒロインが惚れるんじゃないだろう？　たまたま、そういう人を好きになっただけなんだよ。

これと同じこと。たまたま、好きになった男に奥さんがいただけなんだよ」

惚れた相手に奥さんがいたというのは、相手がたまたまヤクザだったというのと同じで、それはそういう仕組みだったんです。

不幸だと思ったら、なんでもつまらなくなるんです。「幸せなんだ。楽しいんだ」という意識で始まらないと、恋愛もつまらなくなってしまいますよ。

答え　好きになった人がたまたま結婚していただけです。「幸せだ」という意識で恋愛しましょう。

24
いい人とたくさん知り合えるようないい方法はありますか？

ちょっとわかりにくいかもしれませんけれど、私たちがいつも一人《ひとり》さんから教わっていることをお伝えしますね。

まず今、あなたの前にいない人のことを考えるのではなく、身の周《まわ》りにいる人、自分を取り囲んでいる人をよく見てください。これが、今のあなたに与えられている人間関係なんですよ。

心のレベルが同じなもの同士は、呼び合うという特徴があるんです。豊かな心の人は、同じように豊かな心の人と引き合いますし、貧しい心の人は貧しい心の人と引き合います。

豊かな人と付き合いたいのならば、自分の心を豊かにすればいいんですよ。貧しい心のままで、豊かな人と友達になりたくても、向こうも貧しい心はイヤですから、付き合えないんです。だいいち、お互いに話が合いませんもの。

豊かな心の人と付き合うには、自分の心を豊かにするのが先です。

そのためには、今、あなたの周囲にいる人たちとの関係から始めることです。この人たちは、あなたの現在のレベルに合っているから、そこにいるんです。その人たちから多くを学べばいいんです。そうすればあなたのレベルも上がるんですよ。

あなたのレベルが上がれば、その人たちのレベルも上がってあなたの周囲の世界が一緒に上がっていくか、または、あなたの周囲にいた人のなかには、あなたと同じ世界にいられなくなって違う人と交代する人が出るようになります。

自分の心を豊かにするには、まず、自分に与えられているものに感謝して大事にすることです。あなたに今、与えられている人間関係もそうですよ。その人たちのおかげで生きていられるんだし、たくさんのことが学べるんです。

次に、ほかの人によいことがあったら、一緒に喜んであげられること。妬《ねた》んだりひがんだりしちゃダメですよ。「おめでとう」といえるようになりましょう。

そして、出会う人みんなによいことがあるようにと思えること。例えば、電車の中であなたを突き飛ばしたような人でもです。その人には、きっとイヤなことがあったんですよ。

「この人にいいことがありますように」

と願ってあげてね。

こうしていると、だんだんと自分の心が豊かになっていって、気が付いたら自分の周りにいい人がたくさんいるようになっていますよ。

答え **まず、自分の心を豊かにしましょう。**

25

何を基準にすれば心の豊かさのレベルはわかりますか?

人の心って、いつも同じじゃありませんよね。岩みたいに硬《かた》くていつも変わらないものじゃなく、雲みたいに絶えず変わっているんです。

イヤなことをいったり、したりする人でも、二四時間、いつもそんなことばかりいったりしたりしているのかといえば、そうでもなかったりします。ときには優しい言葉をかけたり、だれかを思いやるようなことをすることもあるんです。

また、いつもは人を思いやる気持ちで、そのような言葉をつかい、そのようなことをしている人でも、ときには人を傷つけてしまうような言動をしてしまうことだってあります。

だれだって、豊かな心と貧しい心の両方の時間があるんですよね。

じゃあ、心の豊かさってだれでも同じなのかというと、やっぱり違うんですよ。レベルの高い人と低い人はあるみたいなんですね。

それは、「楽しいな」と感じている時間の長さの違いを見ればわかりやすいんです。レベルの高い人は、豊かな心でいる時間が長いので、「楽しい」と感じている時間が長いんです。反対に、レベルの低い人は貧しい心でいる時間が長いので、怒っていたり、憎んでいたり、悲しんでいたりする時間ばかりが長く、「楽しい」と感じている時間が短くなってしまうんですよ。

「楽しい」と感じている時間が長ければ、それだけ心の豊かさのレベルは高いということなんですね。

また、私たちは一人《ひとり》さんから、「お釈迦《しゃか》さまの五戒《ごかい》」というのを教わっています。これは心を豊かにするには、やらないように気をつけたほうがいい五つの戒《いまし》めなんです。それは、悪口、愚痴《ぐち》、泣き言、文句《もんく》、不平不満、この五つです。

実際、「あの人って本当にいい人ね」という人のことをよく見ていると、この五つが少ないんですよ。

心が豊かな人というのは、この五つがより少ない人だといってもいいのかもしれません。

よく、悪口をいい始めると、ずっと悪口ばかりつづけている人がいますよね。あるいは、いつも文句ばかりいっている人なんかもいます。「それはやめたほうがいいよ。心を貧しくしてしまうよ」ということなんですよ。

例えば、ある人の悪口をいっちゃったとしても、「いや、あの人にはこんないいところもあるわ」と思い直したりするんです。そうすれば、ずっと悪口をいいつづけずにすみます。

それよりも、悪口をいいたくなったら、すぐにそれをいっちゃう前に、その人のいいところを思い出せれば、最初から悪口をいわずにすみます。

こんな具合にしてこの五戒を守っていると、いつかは、いつも「楽しい」と感じていられるような心のレベルの高い人になれますよ。

答え **悪口、愚痴、泣き言、文句、不平不満、の五つが少なく、「楽しい」と感じていられる時間がより長い人ほど、心のレベルは高いようです。**

ちょっと得するお話 2

願いをかなえるコツ

顔は突然キレイになる

女性ならだれでも、「キレイになりたい」と思いますよね。だから、みんなお化粧をするんですし、人によっては整形しちゃったりするんです。みんな、「顔のつくりは生まれつきで、自分では変えられない」と思っているんですよね。でも、一人《ひとり》さんによると、顔は突然に変わることがあるらしいんですよ。

例えば、意地悪《いじわる》なことばかりいっている人がいるでしょう。そういう人の場合、突然、顔に傷ができたり、大きく歪《ゆが》んでしまったりすることがあるそうなんです。直接の原因は交通事故なんかもありますが、目立った原因がなくても、急にそうなるらしいんです。

この反対に、生まれつきの顔はあんまりパッとしなかった人なのに、久しぶりに会うと、「あんた、整形した?」って聞きたくなるほどキレイになっていることがあります。

こういう人は、「顔はもう一つだけど、本当にいい人」といわれてたりするんです。

いつも優しいことを考えて、優しいことをいって、優しいことをして、そして楽しく生活していると、こんなふうに、ある日、突然キレイになるそうなんです。

不思議ですけど、本当らしいですよ。

てっとりばやくキレイに見せる方法

よく、「私、みんなから写真うつりが悪いっていわれるのよね」と嘆《なげ》いている人がいますけれど、これ、本当はいいことらしいですよ。「腕のいい写真家は普通の人とどこが違うか知ってるかい？」と一人《ひとり》さんに聞かれたことがあるんです。一人さんの答えはこうでした。

「腕のいいカメラマンは、その人のオーラまで写せるんだよ。でも、普通はオーラを写せない。ここが違うんだよ」

オーラって聞いたことがありますよね。その人の生命エネルギーみたいなものです。体の周《まわ》りを包んでいて、心の状態や魂《たましい》の状態なんかが、それを見るとわかるんです。これは人だけじゃなく、動物や樹木や物なんかにもあるんですよ。

素人《しろうと》の撮った写真を見て、いつも見ているその人の印象と違うことがありますよね。これは、自分の目で人を見ているときにはその人のオーラも一緒に見ているのに、写真にはオーラが写っていないからなんです。

写真うつりが悪いということは、みんなの目にはオーラの分だけ実物よりもキレイに見えているということです。つまり、その人の心の状態がいいという証拠なんですね。

オーラがキレイだと、実物よりもその人がきれいに見えるんです。ということは、てっとりばやくキレイになるには、心の状態をよくして、オーラをキレイにしちゃえばいいということなんですよ。

目の前の目標はどんどんいう。大きな目標はいわない

自分のやりたいこと、かなえたい夢なんかは、どんどん口に出していっちゃったほうがいいですよ。「こんなことできるわけない」「人が聞いたら笑うよ」なんて思うからいえなくなるんです。いいじゃないですか、笑われても。

それに、一回いったことに責任なんか取らなくていいんです。気持ちが変わることなんて普通のことですよ。周《まわ》りの人も、「あのときこういったじゃないか！」なんてあまり責《せ》めないほうがいいですよ。

一人《ひとり》さんもいってました。「ころころ変わるから『こころ』というんだよ」ってね。

やりたいことをいつもいっていると、そのうちに本当に実現したいことに出会うんで

す。そのときに、自分の周りに必要なものが集まってきて、その準備がだんだんとできていくんです。これ、本当なんですよ。歌手の安室奈美恵《あむろなみえ》さんも、小さいころから「私は歌手になるの」とずっといっていたみたいです。

ここでね、ちょっとしたコツがあるんです。目の前の目標はどんどんいうといいんです。いえばエネルギーが出るしね。

でもね、自分でも「えっ？」と思うような大きな目標は、いわないほうがいいみたいです。これは自分じゃどうしようもないので、それ以外の力で実現してもらうしかないからなんです。人にはいわないで、ただ、「神様がついているから大丈夫《だいじょうぶ》」って、そう思っていればいいんですよ。

目の前の目標をかなえるのは自分の仕事だから、どんどんいう。大きな目標をかなえるのは神様の仕事だから、口には出さないで、安心して任せておく。そういうことなんですよ。

PART
3

「子育て」は心を知り、心を育てることです

人間関係の基礎となるのは人の心ですが、それは幼少のときの「子育て」により、後々まで大きな影響を受けます。この章では、親が自分の心にある傷を無意識のうちに子供にも与えてしまう問題を中心に、イジメや不登校など学校教育の問題も含めて、「子育て」に絡《から》む心の問題についてお話しします。

26
子育てがうまくできるだろうかと不安になります。

実はね、親が子供を育てているんじゃないんです。親は子供に育ててもらっているんだと思うんですね。

私がそのことに初めて気がついたのは、長男の貫太《かんた》が保育園に行っているときに、先生とのやりとりを手帳に書いていたときなんです。その手帳には保育園の先生から見た、貫太の様子が書かれていました。それはおとなしくて、自分の感情も意思も出さない子供の姿でした。それを見ているうちに、私は「あっ」と思ったんですね。

そこに書かれていた貫太の姿は、私の小さいころの姿とそっくりだったんですよ。

幼《おさな》いころから私は、父に毎日怒鳴《どな》られ、殴《なぐ》られて育てられました。それで、自分のことを「ダメな人間だ」と思って生きていたんですよ。

私の父は大変に怖《こわ》い人でした。何かあると言葉よりもまず手が飛んできます。手でなければ、昔の商家で使っていた頑丈《がんじょう》で重たい五つだまのソロバンが、いきなり飛んでくるんです。

そして、毎晩お酒を飲み、酔《よ》って家に帰ってくると私や母を殴るんです。私たちは夜、普通の服を着て寝ていました。パジャマを着て寝られなかったんです。父が殴りに来るので、いつでも外へ逃げ出せるようにするため、そうしていたんです。

父は戦争でスマトラやボルネオの地獄のような激戦地へ行かされ、敵軍の銃弾と病気や飢餓《きが》で部隊のほとんど全員が死亡するという恐ろしい体験をし、それが大きな心の傷になっていたんだと思います。戦争から帰ってきて商売を起こして成功したものの、日常的に暴力をふるう人になってしまったんです。

あのころは、よくそんな人がいたものです。そういう時代だったんですね。

誤解しないでほしいのですが、心の傷を持った父は、父なりに私たちの家族を精いっぱい愛してくれていたんです。愛情表現がうまくできないだけだったのです。ですから私は、父を憎んでもうらんでもいません。この父親のもとで修行《しゅぎょう》する必要があっただけのことです。おかげ様で少しは成長できましたし、父が大好きですから、生きている限り精いっぱい恩返しをしていくつもりです。

とはいえ、今の私ならそう思えるんですが、父によって繰り返された暴力は、幼い私にとって本当に恐ろしく、ただ父の前に立っただけで、私の体が自然に震えだしてしまうほどのものでした。

そして、父に暴力的な育てられ方をした私には、やはり、心の傷が残っていたんです。それで自分でも意識しないうちに、いつの間にか、自分が育てられたようなやり方で貫太を育てようとしてしまっていたんです。

手帳に書いてあることを読んで、貫太の様子を初めて客観的に見ることができたんですね。そして、その姿が、小さいころの自分そのままなんだと気づかされたんです。

つまり、私が小さいころの影響を引きずって大人になってしまったということを、貫太に教えてもらったんですよ。

小さいときに受けた影響というのは潜在意識の中にものすごく残っているものなんです。

潜在意識に残ったものに温《あたた》かいものがあればいいんですけれど、すごく醜《みにく》かったり、つらかったり、きつかったりすることなんかが残ってしまうと、後々まで、人間としての成長を妨《さまた》げてしまうんです。人の一生にとって、このことが大きいんですよ。

幼《おさな》い貫太を見ていて、私は自分の潜在意識にどんなものがあって、何が自分の成長を妨げているのか、教えてもらったんです。

でもね、こんなふうにいうと、まるで私が一瞬にして、こうしたことをすべて自分の力で理解したみたいに思えちゃいますけれど、そうじゃありませんでした。それどころか、このことに気づいたばかりのころの私は、自分の心にあるものの正体がハッキリとはわからず、そのくせ、その恐ろしさだけは痛いほど感じて、なす術《すべ》もなく、ただ呆然《ぼうぜん》としていただけでした。

実は、私と貫太が一人《ひとり》さんと出会ったのは、この一年近く後のことだったんです。

一人さんと出会ったその日から、私は夢中になって一人さんの言葉を聞きました。そして、一人さんの言葉のおかげで、私にもすべてのことがハッキリと見えるようになっていったんです。

一人さんが、明るい笑顔と静かな朗《ほが》らかな声で何かを教えてくれるたび、私の心の闇《やみ》にポッと光が灯《とも》るんです。すると、それまで何も見えなかった自分の心の中が、その光に照らされて、少しずつ見えてくるんです。

本当に、そんな感じだったんですよ。

こうして、一人さんの言葉で照らし出され、私にもハッキリと見えてきたのが、今お話ししたばかりの私と貫太の心に起こったできごとだったんですよ。

そんなころ、一人さんが私に教えてくれた言葉があるんですが、私は「子育て」をするすべての人に、ぜひ、その言葉をお伝えしたいと思うんですよ。

それは、こんな言葉です。

「杉の子は小さくても、完ぺきに杉なんだ。人も同じこと。子供はどんなに小さくても、完ぺきにその人なんだよ」

親が子供を育てるんだという傲慢《ごうまん》をまず捨てれば、その子がたとえどんなに小さくても、もうすでに一個の人格を備えていることが見えてくるんです。

それを大切にして、この子は将来どんな大人になるんだろうかと考えて、親は子供と接するべきなんです。

一人さんはそう教えてくれたんですよ。

それいらい、私は子供を育ててあげているんだと思うことをやめました。それどころか、この人のおかげで、自分が成長できるんだと悟《さと》ったんです。

私には、子供の人格を大切にして、「子育て」することが上手《じょうず》にできませんでした。

けれど、二人の子供のおかげでたくさんのことを教わり、そして、一人さんのおかげで子供たちが教えてくれていることの意味を知ることができたんです。

これから、私が二人の子供たちと一人さんのおかげで学んだことを、なるべくたくさんお伝えしていきますね。

答え **子供を育てるんじゃなく、子供に育ててもらうんです。**

27

「子育て」でいちばん気をつけなければいけないのはなんでしょう?

人というのは、自分が親から育てられたやり方で、自分の子供を育ててしまいます。特に、最初の子供の場合はどうしてもそうなってしまうんです。だって、それ以外に「子育て」の方法を知りませんものね。

このときに、自分が親からされたことを、無意識のうちに自分の子供にもしてしまうことが多いんです。そうすると、もし自分が小さいころに親からされたことで心の傷を負っていたなら、自分の子供にも同じ心の傷を与えてしまうことになるんですよ。

よくニュースで、親が自分の子供に暴力をふるって殺してしまったというのがありますよね。あれは、よく調べてみると、子供に暴力をふるってしまった親もそういうふうな育てられ方をしたんだとわかることもあるんです。親の心にある傷のせいで、子供を虐待《ぎゃくたい》するという因果《いんが》が延々とつづいてしまったんですね。

子供を育てているとき、「何かこれはおかしいぞ」と気がつかないといけないんです。自分の心に残っているものを自覚して、その因果を断ち切らないと、二代も三代も心の傷が伝染《でんせん》していってしまうんですよ。

これが、「子育て」で最大の問題点なんです。

私もこれをやってしまったんですよ。

自分が育てられたとき、とにかく父からは「ばか」といわれ、物を投げつけられたり殴《なぐ》られたり、そうやっていつも怒られていたんです。それで、私の最初の子供である貫太《かんた》を育てるときに、自分でも気がつかないうちに同じことをしてしまっていたんです。さすがに、「ばか」とはいいませんでしたが、何をするよりもまず怒るほうが先になっていたんです。怒れば伸びると勝手に思い込んでいたんですよ。

とにかく先走《さきばし》って叱《しか》るんです。「これやっちゃダメ」「あれやっちゃダメ」、そして貫太が何かやると怒るんです。「そういうことしちゃダメでしょう!」と、いきなり殴るんです。

そして、「ハンカチ持った?」「忘れ物ない?」と常に私が先回りして考えてしまって、貫太は自分では何も考える必要がなくなっていたんですね。

でも、私はまだ、自分のやっていることが、昔、父が私にしていたことと同じだということも、それが貫太にどんな影響を与えてしまっているのかについても、全然気がついていませんでした。

そのことに気づいたのは、貫太が小学校の一年生だったある日、家族でご飯を食べに行ったときだったんです。

レストランに行って、さて何を食べようかということになりました。みんなは「ハンバーグにしよう」「トンカツにしようかな」なんていってたんですが、貫太は何もいわないんです。それで、私が「何を食べたいの？」と聞くと、こういったんですよ。

「ぼくはなんでもいい。お母さんが決めて」

私はハッとしました。

私はそれまで、単に貫太のことをおとなしい子供だと思い込んでいたんです。「昔の私と同じおとなしい子。少しもおかしなところなどない」と。ところが、この貫太の一言《ひとこと》を聞いたとき、突然、わが子が異様な姿をしていることに気づいたんです。

それは、固まったように無表情で、自分の感情もなく意見も持たない、そして人にいわれるままにぎこちなく動く、まるでロボットのような子供の姿でした。

愕然《がくぜん》となった私は、このとき、一人《ひとり》さんのある言葉に思い当たったんです。

それは、一見平凡《いっけんへいぼん》な、こんな言葉でした。

「自分が人にされてイヤだったことは、ほかの人にするんじゃないよ」

そのころ私は一人さんと知り合ったばかりで、もう夢中で一人さんのお話を聞いていました。けれど、このころの一人さんは、私たちに間接的なヒントを与えるようなことをいってくれるところがあったので、正直にいって、その場では意味がわからない言葉もあったんですよ。

この言葉も一人さんから聞いたときには、何だか当たり前のことのように思えて、なぜ私にいわれたのかピンと来ませんでした。

ところが、貫太の異常に気づいた瞬間、初めて一人さんの言葉の意味がわかったんです。「あれは、このことだったんだ!」。

あれほど恐ろしくてイヤだった父の暴力と同じことを、今度は私が貫太にしていた。そして、貫太から自分の感情も意見もすべて取り上げてしまったのだと、このときに、やっと気づいたんですよ。

その日の夜は、自分のしてしまったことの恐ろしさにおびえて、まったく眠れませんでした。そして、不安な一夜が明けてお昼を過ぎるころ、いつもの喫茶店に一人さんの外車《がいしゃ》がとまっているのを見つけた私は、必死に駆《か》け出しました。

その日は細かな雨が降り、空は一面、白く曇っていたのを覚えています。息せき切って喫茶店に飛び込むと、そこにはいつものように静かに本を読んでいる一人さんがいました。曇り空なのに、一人さんのそばの窓からは柔らかな光が射していて、一人さんの周《まわ》りだけが温《あたた》かい光りに包まれているように見えたんです。

「おまっちゃん、どうしたんだい」

一人さんは、飛び込んできた私を見ると、ニコッと笑い、こういいました。

その声にホッとした私は、「一人さん、どうしよう。私、とんでもないことをしてた」と、堰《せき》を切ったようにすべての事情を話しました。

一人さんは、その話にときどき相槌《あいづち》を打ったりしながら聞いてくれていたんです。

そして、私はこう尋《たず》ねました。

「私、どうすればいい？　どうすれば、貫太を普通の子みたいに戻せるの？　それとも、もう戻せない？　教えて、一人さん」

しばらくすると、一人さんは魂《たましい》まで包み込んでくれるような眼を私に向け、本当に私の心の深いところに染《し》みてくる声で、こう教えてくれたんですよ。

「大丈夫《だいじょうぶ》だよ、おまっちゃん。

貫ちゃんは、立派《りっぱ》に生きていける。

いいかい。親が子供の人格をつくってあげるんじゃないんだ。子供には子供の人格が、最初からちゃんとあるんだよ。

親はね、『子供をなんとかしなくちゃ』なんて思わなくていいんだ。子供はそんなことをしなくても、ちゃんとした人格を持った人間なんだから、しっかり育っていく。だからね、おまっちゃんが貫ちゃんを変えようなんてしなくていいんだよ。おまっちゃんがするべきことは、自分を変えることなんだ。

親が子供に対して、本当にするべきことは、信じてあげることなんだよ。

貫ちゃんのことを信じるように変われば、それでいいんだよ。

おまっちゃん、わかるかい？」

この言葉が終わるころ、私の心に、温かな光がサァーッと射し込んで来るのを感じました。一人さんに教えてもらって、私は自分なりに悟《さと》ったんです。この子をいくら叱《しか》っても、自分が変わらない限り、どうにもならないんだって。

自分の「子育て」の考え方が間違っていたと気づいた私は、自分を変えようと決意して、周りの人たちにもそう宣言しました。

それまでのようにいきなり怒るんじゃなく、まず見守ることにしたんです。貫太が何かやっても、「ダメでしょう!」と叱るんじゃなく、「何でそうしたの?」と理由を尋ねることにしました。貫太本人にもそういい、小学校の担任の先生にも事情を話しました。

「私がすべてチェックするのはやめるので、これからは今までとは違うこともあるでしょうが、ご容赦《ようしゃ》ください」

こんなふうに協力をお願いしたんです。それからの貫太は、忘れ物なんかすごかったんですよ。でも、担任の先生は理解してくれました。

そして、私は、貫太にこういいつづけたんです。

「お母さんは信じているよ」

この言葉がどれだけ役に立ったかはわかりません。でも、貫太はしだいに、自分の感情や意見を出せる子供になっていったんですよ。

例えば、一年生のころの貫太は、自分の行動の理由を聞かれても、何も答えられなかったんです。理由を尋ねられても答えられない、そんなことが積み重なるうちに、貫太は自分でも「なぜだろう?」と考えるようになったんだと思います。

そして、貫太は少しずつ自分のことを考え、三年生のころには、自分の行動の理由だけでなく、自分の意見までしっかりいえる子になっていました。それどころか、自分の主張を貫《つらぬ》くあまり、ちょっと愉快な事件を起こすまでに成長したんですが、そのことは後でお話ししますね。

自分が与えられたトラウマを、自分の子供にも与えてしまっている。

そんなことがないか、よく注意してください。そして、そのことに気づいたら、断固《だんこ》としてその因果を断ち切るように行動してください。

「子育て」について、私が子供たちから教わったいちばん大切なことは、このことなんです。

答え **自分のトラウマを、子供にも与えてしまうことです。これは無意識のうちにやっていることなので、早くそれを自覚して、断固としてその因果を断ち切ってください。**

28
幼少期のトラウマを自覚するには？

小さいころの影響って、意外なところに残っていたりするんですよ。自分の性格だと思っていたことが、実は子供のころに受けた心の傷が潜在意識に残っていて、そのせいでそうなっているというのも珍しくないんです。こういうのを心理学なんかではトラウマというらしいんです。

私はいろんな人と話をしていて、子供のころに受けた心の傷をその人の中に見つけることが何度もあったんです。

例えば、人と話すのが怖《こわ》いという人は結構多いですよね。そんな人が、「自分のホンネを出して」ってだれかにいわれても、できないんです。ホンネを出すという作業を何十年もしていないと、どれがホンネなんだか自分でもわかんなくなっちゃってるんですよ。

そういう人の特徴というのは、自分の気持ちを表す言葉が少ないんです。おもしろいとか、うれしいとか、悲しいとか、気持ちを表す言葉をつかう回数も少ないですし、言葉の種類も少ないんです。

だから、私が「楽しいね」というと、「楽しいね」とそのままオウム返しをするだけだったりします。

「楽しい」という気持ちを表現する言葉をあまり知らないというのは、楽しさを感じた経験が少ないからなんですね。

でも、どこかで自分の感情を押しとどめるようなことをしていないと、人間はこんなふうにならないんですよ。

この間も、そんな人がいたんです。みんなでお酒を飲んで盛り上がっていたんですが、その人だけは少しも楽しそうじゃないんです。でも、「楽しくないの?」と聞くと、「楽しいです」と答えるんです。

私が「なんで自分の感情を出さないの?」と尋《たず》ねると、「えっ、そういうのって、いうもんなんですか?」なんて答えが返ってくるんです。

そこで、いつから感情を出さなくなったのか、二人で一緒に探ってみたんですよ。

「前の職場で、出しちゃいけないとかいわれた？」

「ううん。違う」

「じゃあ、学生のとき先生にいわれたのかも」

「いいえ。そうじゃない」

「じゃあ、三歳のころどうだった？　笑ったりしてた？」

「笑ってた気がする」

こんな感じで、五歳、六歳、と順番に記憶をたどってみると、どうも一〇歳のときくらいに感情を出さなくなったようなんですね。それで、彼女はこんなことをいうんですよ。

「そのころに、私、何かいわれたみたいな気がする」

結局、その日はこれ以上思い出せなかったんです。でも、次の日、彼女はうちに来てこういうんです。

「昨日《きのう》、ああいわれて、やっと思い出しました。母親が死んだとき、『これからは、しっかりしなきゃいけない。そうやって、泣いてちゃいけない』と父にいわれたんです。

そのときに、これからは自分の感情を出さないって、心に決めたんです」

彼女のようにどちらかの親が亡くなったときや、両親がケンカしたときなどの記憶が、後々まで影響を残しつづけている例は多いんです。

彼女の場合、感情を表に出さないということを自分の持って生まれた性格なんだと思っていたんです。でも、私と一緒に話をしながら振り返ってみると、どうやら、子供のころのできごとがずっと後まで影響を持ちつづけていて、いつの間にか感情を出さない人になっていたと気づいたんですね。

こんな具合に、子供のころに体験した親との関係が、ずっと大人になっても影響を及ぼしつづけることは本当に多いんです。

こうしたことは、子供のころのことまで振り返って考えてみると、発見することがあるんですよ。

そのときに、だれかと一緒に話をしながらさかのぼってみると、やりやすいかもしれません。

実はね、これは私や貫太《かんた》が一人《ひとり》さんにやってもらったことなんです。そのやり方をほかの人の相談でもつかわせてもらっているんですけれど、結構効果があるんですよ。

自分の心に影響を与えているものを自覚すること。
これが、その悪影響と戦う第一歩になるんですよ。

答え **自分の記憶をさかのぼってみましょう。何か見つかるかもしれませんよ。だれかと話をしてみると、見つけやすいかもしれませんよ。**

29

幼いころのトラウマからは回復できるものでしょうか？

それに気づけば必ず回復できます。人生は取り返しがいくらでもできるんですよ。

ただ、それには長い時間がかかる場合もあるんです。

私が一人《ひとり》さんのお話を聞きに喫茶店へ通っていたころ、同じように一人さんのお話を聞いて、相談に乗ってもらっていた女性がいたんです。その人の息子さんの場合が、まさにそうでした。

その子は、ふだんおとなしくてほとんど感情を出さないんです。この点、うちの貫太《かんた》と同じだったんで、私も一緒になって熱心にその人の相談と一人さんの答えを聞いていたんですよ。

でも、その子の場合はそれだけでなく、感情がうまくコントロールできず、何かがあると突然キレたようにとんでもない暴れ方をする子だったんです。

例えば、ケンカで相手の子が倒れているのに、馬乗りになっていつまでも殴《なぐ》りつづけるんです。相手が女の子でもおかまいなしで、いつまでも殴りつづけたりするんです。いつもは自分の感情や意見を出さない分、それが何かの拍子《ひょうし》に出ると爆発してしまうんですね。

この感情爆発について、そのお母さんとその子は、ずいぶんと長い間苦しんだんですよ。

その子の相談で、私が今でもハッキリと覚えているのは、その子が小学三年生のときに起こしてしまったできごとについてです。

ある日、急に電話がかかってきて、そのお母さんは学校へ呼び出されたんだそうです。学校へ行って先生から詳しく話をうかがうと、学校でケンカしたらしいんですね。ここまでは、それまでにもあったことだったんですが、驚いたのはそのやり方でした。

その子は相手の男の子を、踊り場のところから階段の下へと蹴り落としたんです。

三メートル以上もある階段を転《ころ》げ落ちた相手の子は、病院で手当てを受けなければいけないほどのケガをしましたが、幸いにも、大事には到りませんでした。

このとき、そのお母さんはこういって叱《しか》ったそうです。

「あんた、もしあの子の打ち所《どころ》が悪かったら、死んでいたんだよ。そうすると、あなたは一生、人殺しという罪を背負って生きていくことになる。それで楽しい？」

すると、その子はこういったんです。

「でも、あいつが悪いんだ。間違ったことをするから、僕は叩《たた》いたんだ。だって、間違ったことをしたら、間違っていることを殴って知らせなきゃいけない」

お母さんにも、学校の先生にも、「自分は間違っていない、あいつが間違っている、だから殴ったんだ」と、繰り返すんです。

この言葉を聞いて、そのお母さんは心の底からぞっとしたそうです。

実は、その女性の境遇も私と似たようなところがあって、彼女も昔、厳しい父親から暴力的に育てられたんだそうです。そして、そのとき彼女の父親がいったこと、そして、彼女がまだ幼いわが子にいっていたことが、まさに、そのときに自分の息子がいった言葉そのままだったんです。

本当に、トラウマの因果《いんが》の恐ろしさを、まざまざと見せつけるようなできごとだったんですよ。

一人さんはずっと長い期間、彼女とその子の相談にのってあげていました。でも、結局、その子が、自分の感情を爆発させてしまうことが直せたのは、大人になってからだったんですよ。

自分がほかの人とは違う、変かもしれないと気づくと、本人はものすごく苦しむんです。その子もそうだったんですよ。自分の感情の爆発をどうしても抑えられないので、こう思ったようです。

「ひょっとしたら、ぼくは『ほかの人を殴ってやろう、殴りたい』という本性《ほんしょう》の人間なんじゃないだろうか」

そう思って、不安だったんです。そして、自分だけがそんな恐ろしい人間なのかもしれないという孤独感に襲われていたんです。

実は、子供のころのその子のお母さんも、そして私も、同じだったんですよ。

私は父に精神的な病気があるんじゃないかと思っていました。そして、その父に私がよく似ていると思っていたんです。それで、生きているのが怖《こわ》くなっちゃったんですね。よく、自殺しようかと考えていました。

その子も、私と同じような不安と孤独で苦しんでいたんですよ。

結局、その子の感情爆発を救ってくれたのは、一人さんでした。

その子が二〇歳を過ぎたころ、一人さんは教えてくれたんです。

「感情を爆発させてしまうのは、君の本性なんかじゃないよ。ただ、幼《おさな》いころに受けたトラウマの影響でそうなるだけ。人に悪いことをしよう、暴れようと思って自分の感情をためているんじゃなく、癖《くせ》でそうしているだけなんだよ」

そう教わって、その子はすごく安心したようです。

さらに、一人さんはその子にこういったんですよ。

「いいかい。子供は自分の両親に何かを与えるために、生まれてくるんだ。君もそうなんだよ。ご両親に何かを与えるために、生まれてきたんだ。じゃあね、何を与えにきたのか、思い出してみよう」

こんなふうにして、一人さんはその子の幼いころのことを思い出させたんです。最初はなかなか思い出せませんでしたが、「三歳のころは？」「五歳のころは？」と少しずつゆっくりとさかのぼっていくと、その子はだんだんと思い出していったんですね。

それを聞いていた一人さんは、こういったんですよ。

「そうか。君はご両親に、愛を与えるために、生まれてきたんだ。

ご両親を愛してあげるのが、君の使命なんだね」

一人さんにこういわれたとき、その子の顔はパッと輝き、見る見る笑顔が広がっていったんです。

一人さんはその子の幼いころの心の傷を自覚させるだけでなく、何のために生まれてきたのかという不安感を消して、人生の使命感を与えてあげたんですよ。

それいらい、その子は感情をためこむようなことはだんだんとなくなっていき、軽い怒りのうちに外へと出せるようになったんです。

長い間苦しんだ感情爆発から、ついに回復したんですよ。

心の傷から立ち直るには、長い時間のかかることもあります。その子の場合、自分のトラウマをしっかりと理解し、自分の使命とは何かと考えられるようになるまでには、二〇歳になるまでの時間が必要だったんですね。

大丈夫《だいじょうぶ》。心の傷は必ず直せます。あせることはないんですよ。

答え　心の傷は必ず直せます。長い時間がかかっても、あせる必要はありません。

30

兄弟がケンカばかりしています。どうして？

一人目の子供のときと二人目の子供のときとでは、「子育て」経験に差があります。そのため、育て方に違いが出ちゃうんですよ。

私には息子が二人います。長男が貫太《かんた》、次男が治郎《じろう》といって、四つ違いです。貫太を育てているときは、もう必死でした。結婚して子供が欲しかったのに、いざ生まれてみると、私の「子育て」が下手《へた》だっただけでなく、体の丈夫《じょうぶ》でない子だったこともあって、最初のうちはかわいいなんて思っている余裕もなかったんです。

でも、治郎が生まれたときには二度目でしたし、すでに貫太の「子育て」を経験してきたこともあって、長男のときよりは少しましになっていました。それに、治郎はおとなしい、あまり手のかからない、性格のいい子だったんですよ。それで、ようやく「子供ってかわいいんだ」と思えるようになったんです。

貫太のときは、最初は怒鳴《どな》ったり殴《なぐ》ったりして、自分が受けたのと同じトラウマを与えてしまって、途中で気づいて育て方を変えたんですが、治郎のときは、自分の失敗をもう自覚していましたから、最初からあまり怒ったりしませんでしたし、殴ったりもしませんでした。

それを貫太が見ていて、「自分のときは同じことをしても殴られたのに、治郎のときは殴らないのか。本当は弟のほうがかわいいんだろう」と思ったみたいなんですね。

また、治郎は治郎で、「お母さんは、お兄ちゃんとばかり話をして楽しそう」と思ったらしいんですよ。

実際には、貫太のトラウマのことや体のことで一生懸命になっていただけなんですけれどね。

こんなふうに、兄弟がお互いに「お母さんは、あいつのほうがかわいいんだ」なんて思っちゃってますから、いつもものすごいケンカをするんです。もう取っ組み合いですよ。一度なんか、貫太が治郎のことをガラス窓へ突きとばしたこともあるんです。

おもしろいことに、私がいなくて兄弟二人だけのときは仲良く遊んでいるんです。貫太も治郎のことを面倒《めんどう》見たりするし、治郎もお兄ちゃんのいうことを聞くしね。それなのに、私が「ただいま」と帰ると、「治郎はこうでね」とか「お兄ちゃんはこうでね」とお互いを悪くいい始めて、とたんにまた取っ組み合いになるんです。

どうやら、二人で母親である私の取り合いになっちゃうみたいなんですね。

私もこの兄弟のことではすごく苦しみました。二人のケンカを見ていると、「私の育て方が悪かったんだろうか」と、どうしても自分を責《せ》めるような考え方になっちゃうんです。

それで、一人《ひとり》さんに何度も何度も相談して、対処法や考え方を教わっていたんですよ。

例えば、最初のうちは、「どうして、ぼくにするときと治郎のときと、態度が違うの？」と貫太に聞かれると、私は「違わないよ」といっていたんです。

でも、私がこういうと、貫太は私が何かを隠《かく》しているというふうに思っちゃったみたいです。

それでね、このことを一人さんに相談したんですよ。すると、一人さんはいつものようにニコッと笑って、こう教えてくれました。

「おまっちゃん、そういうときにはね、こういえばいいんだよ。

『貫ちゃんと治郎は違う人間だから、違う接し方になるんだよ』

人と人の付き合いという点では親子、兄弟も同じ。相手が違えば付き合い方も違ってくる。それをちゃんと説明してあげれば、貫ちゃんの不安もなくせるんだよ。

そしてね、こう加えてあげれば、大丈夫。

『でも、かわいいのは同じなんだよ』

貫ちゃんは、母親の愛情を弟に取られると心配してるだけなんだからね」

考えてみれば、確かに二人に接する私の態度は、同じわけじゃありませんでしたから、貫太は「本当は治郎のほうがかわいいんだけれど、それをいえないから隠しているんだ」と思って、かえって不安になっていたんですね。

一人さんには、二人のことではずいぶん長い間、相談に乗ってもらいました。それで、私も一人さんの考え方をずいぶんと理解できるようになったころ、究極の答えをもらったんですよ。それはね、これだったんです。

「おまっちゃん、男の兄弟はな、うまくいかないものなんだよ」

これを聞いて、私は思わず、「なーんだ」っていっちゃいました。とても気が楽になったからなんです。

だって、うまくいかないものなら、別に解決しなくてもいいんですものね。人間関係にはなかなか解決しないのもあるようです。兄弟の関係というのも、その一つみたいですよ。

答え 兄弟はうまくいかないものだと思えば、気が楽です。

31
子供が荒れてしまって悩んでいます。

子供はみんな反抗期というのを通ってきます。ちょっと不良っぽくなるとか、生意気《なまいき》になるとかね。子供がだんだん大きくなってくると、いろいろ出てきますよ。

うちの場合も本当にいろんなことがありました。でも、あまりいい子じゃなくてよかったと思っているんです。おかげで二人とも、いろんなことを考えられる大人になったみたいですから。

私の二人の息子も荒《あ》れていたことがあるんですけれど、そんなとき、私はこういったんです。

「ふざけんじゃない！

だれのおかげで生きていられると思ってんの！

私はあんたを育てるために一生懸命働いているし、恩に着せるつもりはないけど、がんばってご飯を食べさせているんだよ。

あんたにご飯を食べさせてくれるようなところがほかにあるんなら、うちを出て行って、そこで食べさせてもらいなさい」

そういって、パンツ一つで外へ放り出しました。それで家のカギを閉めちゃったんです。頭を冷やさせたんですよ。

小学校の高学年ぐらいのころ、治郎《じろう》が人さまの物に手をつけたときなんか、こういいました。

「ドロボウをするために神様はその手をくれたんじゃない。ほかに使いみちがあるんだよ。

法律に触れるようなことをするために、その手はあるんじゃないんだから、切ってあげる」

そして、私が包丁《ほうちょう》を持ち出したら、息子は「もうやらない」といっていました。

ちょっと評判のよくない子と付き合うようになって一緒に悪さをしたときには、自分の息子にこういったんです。

「おまえがいちばん悪い。この子はまじめなんだ。この子を悪くしたのはおまえだよ。向こうの親御《おやご》さんが泣いているんだよ」

これで、うちの子もその子も、いろいろ考えるようになったみたいですよ。

これはみんな、一人《ひとり》さんに教わったやり方なんです。そのおかげで、私は二人の息子の反抗期をなんとか乗り越えてこられたんですよ。

子供が荒れているときには、親は威厳《いげん》を持って意見をいえばいいんです。そして、とことん話し合うんです。これが反抗期に対する、親の基本的な態度なんですよ。

でも、最近の子だと、「出て行け」といえば、本当にそのままあちこちに泊まり歩いて、帰ってこないかもしれませんね。

威厳を持って間違いだと教え、とことん話し合って、それでもダメなら、親はあきらめるしかないかもしれません。私も、自分の子供についてあきらめようかなと思ったことが何度もあるんです。

あきらめるといっても、これは子供を見放すということじゃありませんよ。親だったら、自分の子供はこうなってほしい、こう育てたいという計画みたいなものがありますよね。それをあきらめるということです。

子供の人生は親の人生じゃありません。もし、子供が親の気持ちにそぐわないような道を選んだとしても、それがその子の本当にやりたいことならば、応援するしかありませんものね。

叱《しか》らなきゃいけないときはきつく叱りますけれど、戻ってくるときにはいつでも戻っておいでといってあげるんです。

「それでダメだったら、うちへ帰ってくれば、ご飯ぐらいは食べさせてあげるよ」ということなんですよ。

答え **威厳を持ってこういいましょう。「だれのおかげでご飯を食べているんだ。生意気なことをいうんなら、出て行け」。これで子供の頭も冷えますすよ。**

32
イジメの問題❶
子供がイジメにあっています。どうしたらいいでしょうか。

今、子供へのイジメで悩んでいるお母さんは多いようですが、「こうしたことは、これまでもあったし、これからもなくならない」と一人《ひとり》さんはいいますし、私もそう思います。

昔もイジメはあったんですよ。でも、私の子供のころは親が出て行ったりして、おおっぴらにしていたんです。「あの子がいつもイジメられている」とか、だれがだれをイジメているとか、みんなに知らせて相談していたんですね。

昔は核家族じゃありませんでしたし、ご近所づきあいも今よりもありました。イジメのような問題があると、まずご近所のお母さん同士が話し合って、それを学校へと持ち込んでいたんです。そして、イジメられているほう、イジメているほう双方の親も子供も交えて話し合い、解決できたんです。

でも、今のお母さんたちは、モヤモヤとあいまいにして隠《かく》してしまうようなところがあります。「どうもイジメがあるみたい」とか、「学校はイジメを隠しているらしい」とか、ひそひそと噂《うわさ》をするんです。でも、そういうことをいうだけで、結局、具体的な行動は何もしないんです。それで、イジメは水面下に見えないままで隠されて、陰湿《いんしつ》な形でいつまでもつづいてしまうんです。

子供のイジメについては私にも経験があります。治郎《じろう》が子供のころに「イジメられている」といったことがあったんですよ。

それでね、さっそく一人さんに相談したんです。すると、いつもの笑顔で、私が予想もしなかったような言葉をくれたんです。

「いいかい、おまっちゃん。

イジメを解決したかったら、できるだけ騒ぎを大きくするんだよ。

怒鳴《どな》り込む、裁判に訴《うった》える、警察に行く。とにかく、もめごとを大きくする。

もめごとがあると、無事におさめようとするからおさまらないんだ。

ただ悲しんでいたいんなら、何もしなきゃいい。でも、それでは助からないんだよ。

助かりたければ、もめごとを大きくするんだ。

それがイジメを解決する方法なんだよ」

私はビックリしました。だって、イジメがあれば穏便《おんびん》に、というのが常識ですもの。

それなのに、「警察へ行け」なんていわれたんですから、驚いちゃいますよね。

でもね、私はこれまで一人さんの言葉を信じてきました。その言葉が、一見《いっけん》、よくわからないもののように思えるときも一生懸命に考えて、一人さんの言葉を実行してきたんです。すると、いつも最後には「やっぱり一人さんは正しかった」とわかるんですよ。

このときもそうでした。私は一人さんの言葉をよく考えたんです。そして、昔の親たちがイジメに対してどうしていたのか思い出し、それまでに一人さんから教わってきたことと考え合わせてみて、その意味がわかったと思いました。

そして、ファイトがモリモリと湧《わ》いてきたんですよ。

それで、一人さんに教わった後、私は治郎にこういったんです。

「お母さんが乗り込んでいって、その子をやっつけてあげる。暴力をふるわれているんなら、いいなさい。警察へ行こう」

このとき治郎は、「塾へ行きたくなくて、ウソをついた」といいました。

けれど、実際、イジメは確かにあったんですね。私の行動がきっかけとなり、水面下にあったそのイジメが浮かび上がってきて、こじれる前に自然と解決しちゃったんですよ。

男の子のイジメの場合、みんなで殴《なぐ》ったり、机を投げたりと集団で暴力をふるってしまうことが多いですが、これは警察ざたにすべきです。

そうすれば、何が行われたのか表面に出てきますし、その原因もわかってきます。暴力的なイジメをしていた子供たちにとっては、暴力をふるうということがどんな意味を持つのか、キチンと知る機会にもなるんです。

女の子の場合、暴力をふるうというイジメは少ないようですが、その分、陰湿な形のイジメがあります。裏で会話がなされて約束事が決められ、「あの子は無視ね」なんて形のイジメになるんです。

これも親が乗り込んで大ごとにして、きっちりと原因を究明すべきです。陰《かげ》でこそこそと行われていることを表面化させないと、原因なんかわかりませんよ。イジメている本人とその親も含めて話し合い、なぜイジメるのか、なぜイジメられるのか、はっきりさせないと、解決しません。

そしてね、よく話し合ってみると、イジメの原因が本当は親にあるとわかることもあるんですよ。

一見、イジメているほうは気持ちがいい、イジメられているほうはつらいと、ただそんなふうに思えるかもしれません。でも、そんな単純な話じゃすまないこともあるんです。

話し合ってよくよく聞いてみると、本当は、イジメている子自身もつらい思いをしていたとわかることさえあるんです。例えば、イジメている子には家庭の事情があり、その子には心の問題があって、ほかの子にそれが向かっている場合もあるんですよ。

イジメを大ごとにすると、自分の子がイジメられていることがきっかけとなり、イジメている子の心の問題がはっきりするかもしれないんです。もし、イジメを放置したり、うやむやにしたりしていると、その子の心の問題はそのままになって、大人になってもずっとそんなことをつづけるかもしれないんですよ。

これはイジメられている子の場合も同じです。その子がイジメられる本当の原因が親にあるかもしれないんです。これも、キチンと話し合わなきゃわかりません。

大人の責任は重いので、ぜひ大ごとにしてください。そして、大人がまず話し合うんです。そして、イジメの真相を子供に説明するんです。これはむずかしいことかもしれませんが、親は挑戦すべきなんです。

みんな育った環境も違うし、受けた教育も違うし、考え方も違います。でも、親であるという関係は共通なんです。親が子を愛する、子が親を愛するということを基準に考えていけば、お互いがわかりあえる何かが見えてくると思うんですよ。

世の中の大半の人は、イジメを穏便に解決しようとします。でも、穏便にして原因をうやむやにしていて、本当に納得がいくんでしょうか。

イジメを大ごとにすることにより、それがきっかけとなって、お互いが学べるんです。そうなれば、子供にとっても親にとっても、成長するのに役立つんですよ。

「イジメを大ごとにしなさい」

この一人さんの言葉の真意は、そういうことなんだと思うんですよ。

答え イジメを大ごとにしましょう。イジメの原因についてよく話し合えば、子供だけでなく親の成長にも役立ちます。

33
イジメの問題❷
親の考え方に問題があって、子供がイジメをしてしまうことはありますか。

イジメている子は、単に自分の親と同じことをしているだけという場合もあるんです。

貫太《かんた》が小学校にいっているとき、外国人の男の子がいたんです。貫太が小学生だったころにはまだ、その国の人を蔑視《べっし》するような差別の感覚があったんです。それで、その子は、学年全体でイジメられていたんですよ。

貫太がいつもその子と遊んでいて、「遊びにおいで」とかいって、うちにも来ていたんですね。その人がどこの国の人かなんて、どうだっていいじゃないですか。私はそう思っていますし、貫太にもそういっていたんです。それで、貫太もその子と友達として自然に優しくしていたらしいんですよ。

そうしたら、ある日、その子のお母さんがわざわざ訪ねてきてくれたんです。

「あのころは、日本に来たばかりで、日本語もよくわからないし、どうしていいかわからないときだったんです。うちの子は日本の小学校ですごくつらかったんです。周《まわ》りのみんなに無視されていました。

本当に、貫太くんのおかげで小学校へ行っていられたんです」

そういってくれて、私に翡翠《ひすい》のネックレスを持ってきてくれたんです。私は要らないとお断りしたんですが、「本当に気持ちですから」とおっしゃるんですね。

そのお母さんと一緒にお話ししていて、私は尋《たず》ねたんですよ。

「子供には元々、差別なんて感覚はないはずですよね。差別のことなんか知らないはずなのに、どうしてそんな感覚を持っちゃったんでしょう？」

すると、こう教えてくれました。

どうやら、子供たちの親同士が話しているらしいんです。「あの国はこうよね」とか、「あの国の人は」とか。それを子供たちが聞いているんですね。それで、親と同じように、その国の人だからという理由で、その子を差別し始めたんです。

つまり、親の偏見《へんけん》が、いつの間にか子供に伝わっていたんですよ。

こんなことは、ほかにもたくさんあるんです。

外国の人だからと差別したり、職業で差別したり、両親に何か障害があるからと偏見を持ったようなことを親同士でいっていると、みんな子供に伝わるんです。

ある家が貧しいといって親がばかにしていると子供にも伝わります。その反対に、ある子の家がすごいお金持ちの場合だってそうです。親が変に妬《ねた》んだようなことをいっていると、みんな子供に伝わってしまうんですよ。

大人が間違ったとらえ方をしていると、それが子供に伝わり、イジメとなることもあるんです。

子供を持つ親は、しっかりした考え方を持つようにしなくちゃいけないと思うんですよ。

答え 親の偏見は子供に伝わります。大人はしっかりとした考え方を持ちましょう。

34

学校の先生と意見が合わない場合、どうしますか？

貫太《かんた》は地元にある葛飾《かつしか》区立の小学校じゃなく、越境《えっきょう》して千代田《ちよだ》区立の小学校に通っていたんです。

私の父が、私の場合と同様に、「この子は後継《あとつ》ぎだから」と、貫太がまだ幼《おさな》いころから厳しく勉強を教えていたんです。それで、小学校に上がる前から中学生が習うようなことまで教え込まれていたんですよ。そのため、地元の小学校では合わなくなっちゃっていたんですね。

それで、人づてに聞いていた千代田区の学校へ入れたんです。

でも、私は下町《したまち》の育ちだし、貫太もそうです。その学校の先生のなかには、どうしても考え方の合わない人もいたんですよ。

今でも思い出すのは、貫太がハンガーストライキをやって、私が学校に呼び出されたときのことです。どうやら、貫太と同様に、下町から来ている子たちが四、五人で、給食をボイコットしたらしいんです。みんなで屋上に行って座り込みをして、

「給食は要らない。とにかく校長を出せ。あの担任を替えろ。あんなヤツに教わっていられるか」

なんていっていたらしいんです。でも、二時くらいになってくると、みんなお腹がすいてきちゃって、一人ずつ抜けていって、結局、貫太だけが最後まで残ったんですよ。

それで、私が呼び出されたんですね。

このとき、担任だった女性の先生に、私はこういわれたんです。

「だから私は、お母さんが働いているご家庭というのは認められないんですのよ」

その上、この先生は「私の主人は絵を描いている芸術家でございまして」なんていいながら、「私は下町の方はあまり好きではございませんの」と露骨《ろこつ》に匂《にお》わせてくるんです。

私は、貫太がみなさんをお騒がせしたことについては、

「それは申し訳ございません。私の教育がいたりませんでした」

と謝《あやま》りました。でも、こう付け加えたんです。

「ただ、いわせていただきますと、私は母親が働くことを悪いことだとは思っていません。私は働くのが好きだし、働かなきゃ食べていけませんもの。この子だって、大人になったときに働かなきゃ生きてはいかれません。

働くってすばらしいことですよ」

こんなふうにいって、帰ってきたんです。

この件については、私は貫太を叱《しか》りませんでした。それどころか、こんなふうにいって、ほめちゃったんです。

「おまえ、よく最後までがんばったね」

だって、気分がいいじゃないですか、ここまで自己主張できるなんて。

私にしてみれば、最後は一人になってまで、貫太が自己主張をしたことがうれしかったんです。やったことのよし悪《あ》しは別です。ただ、自分の感情も主張も出せなかった貫太がここまでやったということは、私にとっては称賛に値《あたい》したんですよ。

私は貫太に理由も聞きませんでした。でも、後から本人が教えてくれたんですが、ハンガーストライキをやった理由も、やっぱりその先生の考え方や態度に腹を立ててのことだったそうです。

誤解しないでくださいね。この学校にいたのはこんな先生ばかりじゃありません。一年のときに担任だった先生は、私が「子育て」のやり方を変えることについて理解してくださって、本当によく協力してくれたものです。

学校の先生にもいろんな人がいます。よいことを教えてくれる人もいますから、それは素直に聞けばいいんです。

つまらない偏見で人をくさすようなことをいう人だっていますが、そんなのは気にしないで胸を張って生きればいいんです。

学校の先生との関係だって、外の世界の人間関係と同じなんですよ。

答え 学校の先生との関係も、外の世界の人間関係と同じです。

35

息子が不登校で悩んでいます。

今、不登校の子供が五〇万人くらいいるそうですが、昔、貫太《かんた》も治郎《じろう》も不登校だったんですよ。貫太は中学受験をして私立の麻布《あざぶ》学園に入学したんですが、中高の六年間のうち半分ぐらい学校へ行っていなくて、足かけ四、五年は不登校だったんじゃないでしょうか。

学校へ行かなくなったとき、私は「何で行きたくないの？」と理由を聞きました。まず、子供の気持ちを受け取ってあげることが大事だと思ったからなんです。このときに、ただ、「学校へ行きなさい」とばかりいって、親の都合よく子供を動かそうとしていると、気持ちが伝わらないんです。

私が理由を尋《たず》ねると、貫太は「わからない」と最初はいっていました。それで、「どうしたいの?」と聞くと、「寝ていたい」といいますから、「じゃあ、がんばって寝ていてね」って、私はいったんです。「今は話せるような状態じゃないな」と思ったからなんですよ。

だんだん落ち着いてきて、様子がわかってきたんですが、どうやら貫太は、決まった時間に学校へ行かなきゃいけないといわれると、どうしても行けなくなるようでした。その根本には、「学校へ行く理由がない」というのがあったようなんです。

将来のことなんかを考えていたようなんですが、自分がなぜ学校へ行かなければならないのか、それが見えないようになっていたんですね。それで貫太は悩んでいたんです。

私は一人《ひとり》さんにこのことについて相談しました。

するとね、一人さんはいつもの喫茶店で陽《ひ》をいっぱいに浴《あ》びながら、ニコッと笑って、とても大切なことを教えてくれたんですよ。

「おまっちゃん、いいかい。

親が子供にしてあげるべきことが、信じてあげることなのは、もう知ってるよね。

親が子供にしてあげることは、もう二つあるんだ。

それはね、働くことは楽しいことなんだと教えてあげること。

そして、自分で考える材料をあげること。

この二つなんだよ」

そして、私にこんなことをいってくれたんです。

「おまっちゃんは、ちゃんとこの二つをやっている。だから、何も心配しなくていいんだよ」

こういって私を安心させてくれたんですね。

それからしばらくして、今度は貫太のほうに、一人さんはこう教えてくれたんです。

「貫ちゃんはね、学校向きじゃないんだよ。貫ちゃんは社会向きなんだ。学校向きじゃないやつはね、社会向き。

社会はいいぞ、貫ちゃん。働けばいくらでもお金が稼《かせ》げるんだ。

学校ではどんなに勉強しても、全然、お金をくれないよね。それどころか、お金を払わなきゃいけない。家で宿題をやっても当たり前。やらなきゃ怒られる。

でもね、社会では違うんだ。働いたら働いただけお金が稼げる。会社の仕事なんかを家に持って帰ってやってごらん。すごいよ。

『君は家でも仕事をしているのか』ってほめられる。その上、たくさん働いているから、その分、余計にお金になったりするんだ。

勉強だってそうだよ。社会に出て勉強すると、学校とは違って、今度はお金になるんだ。勉強すればするほど、お金を稼げるんだよ。

大人になるのは本当に楽しいぞ。いっぱい働いて、いっぱいお金を稼いで、自分の好きなようにお金を使えるんだ。

貫ちゃんは、社会向き。

だから早く社会に出な。楽しいよ」

一人さんにこういわれて、貫太は「あっ、その通りだ」と思ったそうです。

学校へ行きたくないという貫太の心には、「大人になりたくない」という気持ちがあったんです。それは、どの大人も「社会は厳しい。大人は大変だ」とばかりいっていたからなんですね。それで、大人になることがとてもイヤなことに思えていたみたいです。

ところが一人さんは、ほかの大人とはまるで正反対のことをいったんです。「大人になるのは楽しい」ってね。これが、貫太を驚かせたんですよ。

そしてね、貫太が一人さんのいうことを納得できたのには、私も少しは役に立てたようなんです。

私は貫太に「学校へ行け」とはいいませんでした。これが結果的には、「学校へ行くことだけが人生の選択肢《し》じゃない」と貫太に伝えていることになったんですね。

また、私はそのころにはもう、一人さんに教わりながら自分で商売を始めていて、働くのが楽しくて仕方《しかた》がなかったんですが、その姿を貫太はずっと見ていたんです。

一人さんに「社会に出て働くのは楽しいぞ」といわれたとき、貫太はその私の姿を思い出したそうです。それで、一人さんの言葉が自然に納得できたと、私にいってくれました。

「おまっちゃんは、ちゃんとこの二つをやっている」

と一人さんがいってくれたのは、そういう意味だったんですね。

結局、貫太は麻布を卒業すると、大学へは進学せずに働き始めました。すると、一人さんは、またいろいろと教えてくれたんです。

「貫ちゃんは社会向きなんだから、仕事は一生懸命やりな」

「社会に出たら本を読まなきゃダメだぞ。だから、本を読みな」

こういわれると、貫太は素直にやれるんですね。一生懸命働きましたし、本も読みました。おかげで、今ではずいぶんとお金を稼げるようになっています。

私はこの間、「ああしなさい」とか、「こうしなさい」とか、いっさい、いいませんでした。ただ、「お母さんは、あんたを信じているからね」とだけいって、見守っていたんです。そうするうちに、貫太は自分の道を見つけて、自分で歩いていったんですよ。治郎にも同じような傾向がありましたが、一人さんに教えていただいたので、あわてずやれた気がします。

親って、自分の子が早くなんとかならなきゃって思っちゃいますよね。早く格好《かっこう》がつかなきゃってね。だから、赤ちゃんが歩きだすのが平均で一二カ月なのに、自分の子が一〇カ月で歩いたら優秀だって喜んじゃうんです。一年半も経《た》って歩けないようだと、遅れていると思ってあせっちゃうんです。

でも、長い人生の中で、立った、歩いたなんていうのは、本当に一部分に過ぎませんよね。後になってみれば、「あんなに大騒ぎすることでもなかったな」ってだれにでもわかるんです。

学校へ行った、行かないなんていうのも、これと同じです。長い人生のほんの一部分のことなんですよ。

それに、学校へ行かなくなると、即《そく》、人生の落伍者《らくごしゃ》みたいに考える必要なんかありません。能力が足りなくてドロップアウトしているんじゃなくて、一人さんのいうように、単に「学校に向いていないだけ」、そう考えればいいんです。

そして、ぜひ、一人さんの教えてくれた、親が子供にすべき三つのことを自分のお子さんにしてあげてほしいんです。それは、

子供を信じてあげること。

働くのは楽しいと教えてあげること。

自分で考える材料を与えてあげること。

そうすれば、長い人生の数年だけ、自分の子供がほかの子と違う道を歩いたからといって、あまりあせらなくなりますよ。

答え **親が子供にすべき三つのことをしてあげましょう。そして、「学校へ行きたくないのは、学校向きじゃなく、社会向きなだけ」。そう思って、あせらずに見守ってあげましょう。**

36

子供の受験のことで悩んでいます。

一人《ひとり》さんが貫太《かんた》の中学受験のときに、いいことを教えてくれたんですよ。
「あのな、貫ちゃん。
偏差値《へんさち》の高い学校がいい学校じゃないんだよ。
いい学校っていうのは、受かった学校なんだ。
だって、自分のことを入れてくれたんだもんね。
だから、貫ちゃんにとっていい学校は、入れてくれた学校のこと」
こういわれて、貫太はずいぶんと気が楽になったっていってました。
受験の相談で、よく、「いい学校へ入れるでしょうか」という人っていますよね。
でも、どんなに評判がよかろうが、偏差値が高かろうが、自分の子供を落とすような学校はその子にとっていい学校なんかじゃないんですよ。だって、そこは自分の子に何もしてくれないんですもの。

第一志望の学校に落ちちゃったって、がっかりしている人もいますよね。これも同じです。合格した学校がいい学校なんです。がっかりする必要なんかないんですよ。

全部落ちちゃったなんて人もいます。そんな人も落ち込まなくて大丈夫《だいじょうぶ》。そういう人は、きっと、学校向きじゃなかったんです。社会向きなんです。社会に出て働けば、楽しく幸せになれるようにできているんですよ。

親は子供の将来のことを考えます。それで、高学歴でいい会社に就職することが子供にとっての幸せだと、つい思っちゃうんですよね。それも無理はないと思うんです。

今までの日本は、サラリーマン社会をつくろうとしていて、そのために学校教育があったんですね。それで、偏差値の高い学校を出て大会社に入れば高収入を得られるということになっていたんです。だから、親がそれを望むのも当然だったんです。

でも、これからは学歴の関係ない時代がやって来るみたいなんですよ。

最近よく、年功序列《ねんこうじょれつ》が崩れて、能力給の時代になってきたなんて聞きますよね。つまり、どんなに学歴があろうと、どんなに有名な大企業に入ろうと、本人に能力がなければば収入にならない時代になるということなんです。

その代わり、能力さえあれば、学歴がなくても高収入を得られる時代だということでもあるんですね。

能力をつけるには、やっぱり本人に向いた道を歩かなきゃダメです。その子に向いた道を歩かせてあげるように、これからの親は考えたほうがいいみたいですよ。

どんな学校に入ろうと、その子の人生はそこで終わりじゃありません。その先のほうがずっと長いんです。

何がよかったかなんて、先へ行かなきゃわかりませんよね。だったら、前向きに生きましょうよ。

そうすれば、「本当に、この学校がこの子にとっていい学校だったんだな」って思えるようになりますよ。

答え　入れてくれた学校が、その子にとってのいい学校です。

ちょっと得するお話 3 人間関係をよくする言葉づかい

「大丈夫、大丈夫、大丈夫」

急に問題が起こって、頭がパニックになることってありますよね。それで、かえって失敗しちゃって、傷口を広げたりするんです。

こんなときには、まず、「大丈夫《だいじょうぶ》」という言葉をつづけていいましょう。「大丈夫、大丈夫、大丈夫…」。そうやっていると、気持ちが落ちついてきますから、それから問題に対処しましょう。

自信がなくて、パニックになりやすい人にはいいですよ。私も昔、そうだったんですが、一人《ひとり》さんにこれを教わって実行するようになってからは、パニックにならなくなったんですよ。

人付き合いの苦手《にがて》な人、人前に出るのが怖《こわ》い人には、特におすすめです。また、受験で不安なときにも有効ですよ。

「それは簡単」はほかの人に向けていわない

ややこしい問題を解決するのに便利なのは、「それは簡単」という言葉です。これをまず自分にいい聞かせると、それまでむずかしそうに見えていたことも、不思議と解決できたりするんですよ。この言葉は勉強のときなんか、本当に威力バツグンなんです。

でも、つかい方を間違えると、ほかの人を傷つけることにもなるんです。ほかの人が何かを解決できなくて苦しんでいるときに、「それは簡単」なんていっちゃダメ。いっている本人は励ますつもりでも、いわれたほうは「そんな簡単な問題も解決できないのか」といわれているみたいですからね。

「それは簡単」という言葉は、自分に向けてつかいましょう。

このことは、ほかの人に何かを教えるときにやってしまいやすいので、注意してくださいね。

謙遜するよりも「ありがとう」

謙虚《けんきょ》なのはいいんですけれど、謙遜《けんそん》するのは控《ひか》えたほうがいいですよ。人にほめられると、よく「そんなことはありません」なんていう人がいます。自分では「謙虚にしなきゃ」と思ってこういうんでしょうが、よく考えてみると、これはほめてくれた人に対して失礼なんですよ。

立場をひっくり返してみると、このことがよくわかるんです。もし、だれかが「私の作品はよくできているでしょう」といったとします。このときに、「そんなことはありません」なんていいますか？　これじゃあ、ケンカを売っているのと同じです。人間関係が壊《こわ》れちゃいますよね。

だれかにほめられて、「そんなことはありません」とか、「たいしたことないんです」なんていうのもこれと同じなんですよ。だって、「あなたのいっていることは間違っている」といっているんですものね。

でも、なかには謙虚にしようというのではなく、本気で自分のしたことを大したことはないと思っている人もいますよね。そんな人はなおさら、「ありがとうございます」と感謝したほうがいいんです。だれかがほめてくれるということは、本当に大したことなんです。自分でも気づいていなかったのにそれを教えてくれたんですから、よけい感謝しなきゃいけないと思いませんか。

ほめてもらったら、素直に「ありがとうございます」といいましょう。謙虚でいたいなら、「みなさんのおかげなんですよ」と加えればOKです。

PART

4

家族の人間関係は、魂を向上させます

最後の章では、人間関係でいちばんむずかしい家族の問題についてお話しします。夫婦、嫁と姑《しゅうとめ》、兄弟の仲など、ちょっと考え方を変えれば、家族の関係もやりやすくなります。また、親の介護《かいご》などのむずかしい問題については、一人《ひとり》さん流の魂《たましい》についてのお話が役立つと思います。

37

結婚して本当によかったのか、わからなくなります。

だれかと縁《えん》があって結婚したいと思えば、すればいいんです。ただ、本当にそれがよかったかどうかは、それからお互いに話し合ってみないとわからないことなんです。それで、「本当によかったのかなあ」と思うときだってあるんですよね。

でもね、結婚したことを後悔《こうかい》する必要なんかはないんですよ。この結婚はダメだと思ったんなら、別れればいいんですから。

恋愛というのは一種の狂気《きょうき》ですから、ちょっと頭がおかしくなっちゃうところがありますよね。その勢いで結婚しちゃうこともあるんです。問題は、結婚した後に正気《しょうき》に戻ってから、どう考えるかなんですよ。

この人と一緒にいていいのか、それとも一緒にいないほうがいいのか。

これを判断するときがくるということなんです。

でも、人生で大事な選択をするとき、判断するのに迷っちゃうことってありますよね。昔の私も、もちろんそうでした。私はそんなときいつも一人《ひとり》さんに相談していたんですが、一人さんがとても便利な考え方を教えてくれたんですよ。

それがこの言葉なんです。

「それはね、経済で考えるとわかるんだよ」

人生の選択で迷ったら経済で考えてみる。これがコツなんです。

じゃあ、ここでね、結婚を経済で考えてみましょうか。

これは結婚について、単純にソロバンを弾《はじ》いてみるというのとは違うんです。この人は将来いくら稼《かせ》いでくるんだろうとか、一〇年後には部長に出世して年収がいくらになっているはずだとかいうような、単純な金額上の損得を計算するということじゃないんですよ。

その人と一緒に暮らしていて、本当に自分は楽しくやっていけるかどうかを経済の観点から考えるということなんです。

楽しくやっていくにはお金がかかります。おいしいものも食べたいし、洋服やバッグも欲しい、たまには旅行だってしたいですよね。子供が欲しいと思っても、お金がなければ育てていけませんものね。

結婚してからしばらく経《た》ち、頭が正気になったとき、二人にはお金が足りないと気づいたとします。

そのときに、「何で結婚したんだろう」ってグズグズ思っているだけで、いつまでも何もしようとしないような亭主なら、別れちゃえばいいんです。だって、一緒に暮らしていても楽しくありませんもの。

でも、このときに、「よし、何とかしよう」と思って行動するような亭主なら、たとえ結局は稼ぎが足りないままでも、楽しく暮らせるかもしれません。

だって、亭主の稼ぎが足りないんなら、奥さんが自分で働いてその分を稼げばいいんですから。

ただ、奥さんが働こうとすると、イヤな顔をするような亭主だったら、やっぱりダメです。楽しくなくなっちゃいますからね。

逆に、働くのを応援してくれるような亭主なら、奥さんが二人分稼いじゃって亭主を食わせてしまうという、これまでの逆バージョンだって、楽しく一緒に暮らせるかもしれません。

こんなふうに、楽しく暮らすのに必要なお金をどうするかと考えれば、二人で暮らすことが楽しいかどうか、ハッキリしてくるんですよ。結婚を経済で考えるというのは、こういうことなんです。

人生の選択で迷ったら、自分が幸せになるのに必要なお金をどうするのかと考えれば、答えが見えてきます。そして、それをハッキリさせるのが、「お金をどうするか」なんですね。ここで中心になるのは、「自分が幸せになる」ということなんです。

これが一人さんの教えてくれた「経済で考えてみる」ということなんです。

ところで、楽しく一緒に暮らせるかどうかと考えて、片方《かたほう》がイヤだと思えば、離婚すればいいいんですけれど、なかなか踏み切れないという人もいますよね。

私にもそんな経験がありました。私は、元の夫と一緒にいないほうが幸せになれそうな気がしていました。でも、夫は本当にいい人だったんですよ。だから、どうしても躊躇《ちゅうちょ》してしまっていたんですね。

それで、私は一人さんに相談したんです。すると一人さんは、いつものあの温《あたた》かい声で、こう教えてくれたんですよ。

「おまっちゃん、人間というのはね、一人でも生きられる。でも、二人でも生きられるんだよ。

本当は自分がどうしたいのか、それを考えて決めればいいんだよ」

私は一人さんの言葉を聞いて、とても勇気が湧《わ》いてきたんです。それで、私は二人で幸せに生きられないかと、いろいろと試行錯誤《しこうさくご》してみたんですよ。夫も私の考え方を理解しようとして、協力してくれたんです。

そして、一人で生きるほうが幸せだと確信したときに、二人は別れることにしました。そこにはイヤな気持ちなんか微塵《みじん》もなかったんです。むしろ、結婚から大事なことを学び終えて、「結婚を卒業する」という爽《さわ》やかな気持ちだったんですよ。

人間は一人でも生きられます。そちらのほうが楽しければ、そうすればいいんですよ。

答え **一緒に暮らして楽しいかどうかを考えてください。必要なお金をどうするのかを考えれば、二人でいるのがいいか、一人のほうがいいか、わかりやすくなります。**

38

お姑さんとうまくいきません。

嫁と姑《しゅうとめ》という関係で困っているという話はよくありますよね。きっと相手の立場や自分の立場に気をつかいすぎるんだと思うんです。

私にも、そういうことはありました。私の場合、「いい嫁だといわれたい」と思ってしまったので、疲れちゃったんですね。「お姑さんに悪く思われたくない」、「こんなふうに思われたらイヤだ」、そんなことばかり考えていました。

そして、「自分はこうしたいけれど、お母さんはそれをよく思わないんじゃないか」と思って、自分を殺してしまっていたんです。自分のやりたいことをするときには、お姑さんに隠《かく》れてしていたんですよ。

だから、お姑さんといるときには、いつも居心地《いごこち》の悪い気分になっていたんです。

それで、私は一人《ひとり》さんに嫁と姑の問題についても相談したことがあって、

「嫁ってむずかしいね。お姑さんとどうしてもうまくいかないの。なんでだろう？」

と尋《たず》ねたんです。

するとね、一人さんはとても朗《ほが》らかに、こう教えてくれたんですよ。

「本当に、おまっちゃんが嫁だから、お姑さんとうまくいかないのかい？

もし、本当に『嫁だから』というのが理由で気疲れしたり、仲が悪かったりするんだとしたら、それは絶対に解決しないよ。だって、結婚している以上は、嫁、姑という立場は変わらないんだからね。

それが当たり前なんだから、悩む必要もない。ずっとそのまま、気疲れしたり、ケンカしたりしてればいいんだよ。

でも、本当はね、嫁と姑だから仲が悪いんじゃないんだ。

女と女とのぶつかり合いで仲が悪いだけなんだよ。

うまくいっていないのは、おまっちゃんとお姑さんとの間に、ちゃんとした人間関係がつくれていないからなんだね」

私は、「あっ！」と思いました。

一人さんにいわれて、今まで私のしていたことは間違っていたと気づいたんです。お姑さんに変な遠慮をするなんて、愛とは違うとわかったんですよ。だって、自分のことを悪く思われたくないから遠慮するなんて、実はちっとも相手のことを考えていませんもの。こんなの、ただの利己主義なんです。

それからは、「私はこんな人です」というのをちゃんと出すようにしました。そして、夫のお母さんというのを意識せず、人間としての普通の付き合いとして考えるようになったんです。

そして、昔は嫁だった私も、今は息子たちが結婚して、お姑さんの立場になりました。でも、「嫁だから」、「姑だから」というのはいっさい、いわないことにしています。

うちのお嫁さんは敬子さん、洋子さんというんですが、私は「ケイコちゃん」「ヨウコちゃん」と呼びますし、二人は私のことを「和美《かずみ》さん」と呼びます。だって、私は「姑」という人間ではないし、二人は「嫁」という人間ではないんです。あくまでも、一人の女として、もう一人の女性と付き合うんですから、名前で呼び合うのは自然なことですものね。

もちろん、呼び方なんかはどっちでもいいんです。「お母さん」と呼ぶのが自然なら、それでかまいません。

大事なのは、嫁と姑の関係を特別なものと思わないことです。

ほかの人と付き合うのと同じことで、人間と人間の付き合いなんだと忘れないことなんです。

そうすれば、その人のことを思いやれるし、愛することもできるんですよ。

答え **嫁と姑の関係を特別だと思わないで、人と人の付き合いだと思えば、お姑さんやお嫁さんのことを愛せるようになります。**

39

長男の嫁には夫の両親の面倒を見る義務があると思いますか？

このことについては、昔、一人《ひとり》さんから聞いた言葉を思い出します。

そのころ、私は毎日のようにいつもの喫茶店に通い、一人さんのお話を聞いていました。一人さんの周《まわ》りには四、五人の人が集まって、一人さんの楽しいお話を聞いて笑ったり、何かと相談に乗ってもらったりしていたんです。

ある日、私たちの中のある女性が、一人さんにこんな愚痴《ぐち》をこぼしたんですよ。

「夫の母親が寝たきりになって、長男の嫁である自分が介護《かいご》しているんです。長男の嫁だからって、どうしてこんなことをしなきゃいけないんでしょう」

介護って本当に大変です。それでこの人も、一人さんに慰《なぐさ》めてもらいたくて、ついいっちゃったんだと思うんです。

でも、このとき一人さんが彼女にいってあげたのは、ちょっと意外な、こんな言葉だったんですよ。

「それはね、そもそもの考え方が間違っているんだ。

義務で介護される人の立場にもなってみな。

義務でイヤイヤ面倒《めんどう》を見られて、自分のパンツまで替えてもらったりしたら、どう思う?

『死んでしまったほうがましだ』という気持ちになっちゃわないかい?

義務なんか持ち出されるくらいなら、いっそのこと、『どうしてもあなたのことを介護する気になれない。悪いね』といわれたほうが、まだ、ましなくらいだよ。

本当は、そうじゃないんだ。

介護が必要な人を放っておいたら、自分の良心の呵責《かしゃく》があってイヤだから、介護しようという気になったはずなんだよ。面倒を見てあげたいという自分の気持ちをすっきりさせるために、介護をしているんだ。

それなのに、『嫁の義務だから』なんてつまらないことをいい出すから、『やらされている』という気になってしまうんだよ。

自分が面倒を見たいからなんだと思えばいいんだけれど、『嫁だから』と思ってしまうのは悲しくないかい？」

その女性は一人さんの言葉を聞いて、初めのうちは驚いていました。彼女は一人さんが慰めの言葉をかけてくれると思い込んでいたんですね。

でも、しばらくして、彼女はこういったんですよ。

「おっしゃるとおりでした。私がやってあげたかったからなんですね」

そのときの彼女には笑顔がもどり、なんだか輝いて見えました。

一人さんは、慰めの言葉をかけることより、彼女の本当の気持ちに気づかせてあげることのほうがもっと大切だとわかっていたんですね。そのおかげで、彼女は元気を取りもどすことができたんですよ。

この話の女性と同じような問題で悩んでいる人は多いですよね。うちのスタッフは女性が多いので、なかには、「嫁だから面倒を見なきゃいけないんです」という人も、やっぱりいるんですよ。

私はそんな人に、一人さんに教わったことを思い出して、こう尋《たず》ねるんですよ。

「本当に、嫁だから面倒を見るの？　それって、介護される人が望んでいるのかな」

そういうと、みんな考え込むんですよ。そして、

「私が面倒を見ないと気がすまないからですね」

と気づくんです。

もし、できるだけのことはしてあげたいと思うけれど、忙しくて時間がないというのなら、必ず自分で直接面倒を見なければいけないというわけじゃありません。働いてたくさん稼《かせ》げるのなら、そのお金で専門の人にお願いすれば、自分でするよりもよっぽどレベルの高い介護をしてあげられます。

面倒を見てあげたいという気持ちがあるかどうか、これがまず大切なんですよ。もし、そういう気持ちがあるのなら、ちゃんと「自分がそうしたいからなんだ」と自覚して、自分にできる形で面倒を見てあげましょう。

答え　義務からではなく、自分の気持ちでそうしたいのだと自覚して、介護してあげましょう。

40

遺産相続でもめています。

死んだ人のお金がもらえないからといってケンカするなんて、心が貧しいですよね。

そういえば、親の遺産をめぐってケンカをして、親戚《しんせき》が法事《ほうじ》にもこないという話をしていた人がいました。その人の場合、そんな親戚と付き合わなくなっただけ、絶縁してよかったのかもしれませんね。

私も少し前に父が病気で危なかったとき、親戚が遺産のことをいってきたこともあったんです。でも、私は、「好きなだけ持っていけばいいじゃん。私はがんばって働くわ」と思っていたんですよ。

昔、周《まわ》りの人からもよくいわれていたんです。「小俣ちゃんはいいよね。お父さんから財産を受けつぐことができるし」ってね。そのころ、私はそんなことを全然考えたこともなかったんですよ。父も私にいったことがあります。「おまえにはまとまった財産を遺《のこ》してやるから」とかね。

でも、あるとき私は両親にハッキリといったんですよ。

「その財産は、お父さんとお母さんの二人で稼《かせ》いだもので、私が稼いだんじゃないの。私は欲しいとも思わない。悪いけれど、自分たちでつくったお金は、生きているうちに全部つかってしまってね」

父が私の先々のことを心配して、遺産を遺そうとしてくれているのはよくわかるんです。

でもね、遺産をもらわずに、もし、私が稼げなくて野垂《のた》れ死にするのだったら、それまでの人生なんです。

私は、人のお金を当てにするような、そんな惨《みじ》めな生き方はしたくないと思ったんですよ。

私がこんなふうに思えるようになったのには、もちろん、一人《ひとり》さんの影響がありました。

一人さんがね、私にこう教えてくれたことがあるんですよ。

「おれたちは、親からは遺産なんかより、もっとすごいものをもらっているよね。

命をもらっているし、名前をもらっている。

それに、こんなに働き者に生んでくれた。

こんなに働けるなんて、これが何よりの財産だよね」

遺産なんか当てにするからいけないんです。

偶然に入ってくるお金ほどありがたいものはないかもしれませんけれど、それがなくても生きられる自分になろうと思ったほうが、もっとがんばれますよ。

答え　遺産なんか当てにしないほうが、がんばって働けます。

41

家族の間でいつも仲がしっくりいきません。

家族がわかりあえるはずだって思い込んじゃっていることって、本当に多いんですよ。私にも覚えがあります。

昔、夫が不機嫌そうなんで、「どうしたの？」って尋《たず》ねたんですよ。すると、夫はこういったんです。

「夫婦なんだからわかるだろう」

私は「ちょっと待ってね」って、しばらく考え込んじゃいました。やっぱり、ちゃんといってくれないとわかりませんよ。

また、息子というのは絶対に母親を認めないものなんです。うちの息子の場合なんかも、私のことをこういっていますもの。

「和美《かずみ》さんが親だからしかたなく一緒にいたけど、もし親じゃなかったら、きっとそばにもいなかったはず……」

親子というのは、そういうものみたいですよ。

昔、一人《ひとり》さんが、こう教えてくれたことがあるんです。

「よく、『親なのにどうしてわかってくれないの』とか、『私の子なんだから、わかるでしょう』なんていう人がいるけれど、これは逆なんだ。

それが親だから、それが子だからこそ、相手のことがわからないんだよ。

これをカン違いしていると、家族のことをわかってあげられない自分のことを『許せない』と思ったり、自分のことをわかってくれない家族のことを『冷たい』とか『さびしい』とか思っちゃうんだ。

家族だからわかりあえるはずだと思うんじゃなく、家族だからわかりあえないと思ったほうがいいんだよ」

このことを教わってから、私の家族はとても明るくなったんですよ。だって、あんまりクヨクヨと悩まなくなったんですもの。

一人さんの言葉をいちばん理解しやすいのが、兄弟の関係なんです。

例えばうちのスタッフにも兄弟がいる人が何人かいますが、兄とは絶縁しているとか、付き合っていないとかいう人ばかりなんです。

よく「兄弟なのに仲良くできない」なんて悩んでいる人がいますが、一人さんの考え方によれば、むしろ、「兄弟だから、仲が悪い」ということなんですね。

嫁と姑《しゅうとめ》の場合、仲がうまくいかないのは、「嫁だから」とか「姑だから」という立場のせいじゃなく、人と人としての人間関係がちゃんとしていないからだと一人さんはいっていました。

でも、兄弟の場合はこの逆なんですよ。

兄弟の場合、お互いのことはよく知っているんです。相手の悪いところもよいところもちゃんと知っているし、認め合っていることさえあるんです。ちゃんとコミュニケーションができて、人として認めるところは認めているのに、それでも仲が悪いんですよ。

その理由は、二人が兄弟だからなんです。

うちの貫太《かんた》も、こんなことをいっています。

「もし、治郎《じろう》が弟じゃなかったら、すごく仲良くしていると思うよ」

それなのに、仲良くできないのは治郎が弟だからなんですよ。

幼《おさな》いころから、兄弟の関係は、親の愛情を相手よりも余計に取ろうとする関係なんです。ですから、それがどんなにいい弟でも気に入らない、どんなにいい兄でも受け入れられないんですよ。むしろ、相手のことを認めれば認めるほど、気に入らないもんなんです。

それで、すぐにケンカになっちゃうんですよ。

これは、姉妹の場合でも同じなんです。女同士だと男兄弟のように正面衝突のケンカは少ないみたいですけれど、その分、陰湿《いんしつ》な形で出てきます。「あなたのほうがいいところへお嫁に行った」とか、「あなただけ一軒家を買ってもらった」とか、妬《ねた》んだりする形で出ちゃうんですね。

姉妹の仲が悪いのも、それが姉妹だからです。もし、姉でも妹でもなければ、仲のよい友達になれたような相手でも、どこか気に入らないものなんです。

じゃあ、どうして家族だからわかりあえないのか、その理由について、一人さんはこう教えてくれたんですよ。

「肉親というのは、自分の魂《たましい》にとって、いちばん大事で、いちばんむずかしい修行《しゅぎょう》の相手なんだよ。だから、簡単にわからないのは当たり前」

一人さん流の魂の修行という考え方については、最後の項目で詳しくお話ししますね。とにかく、自分にとって家族というのがいちばんわかりあえない人たちなのは、生まれたときから、そういう仕組みになっていたみたいなんですよ。

こう思ってしまえば、もっと気が楽になれますし、家族についての見方も変わってくるんです。「いちばんわかりあえないにしては、うちの親はいいところあるな」とか、「それにしては、うちの弟はいいところがある」って、思えるようになるんですね。

うちの息子も家族はわかりあえないと思うようになって、気が楽になったらしいですよ。今では、私や弟との人間関係について、こういっています。

「おかげで、いい修行になっているよ」

家族だからわからなくて当然。こう思っていれば、悩んだり苦しんだりすることもグッと減らせるんですよ。

答え **家族だからこそ、わからなくて当然なんです。**

42

親の借金で困っています。

こういう人って多いみたいですね。昔、うちのスタッフの女性にもいました。

「元気がないじゃん。どうしたの?」と私が尋《たず》ねると、「実は、私の毎月のお給料が、親の借金返済に回っているんです」って彼女は答えたんです。

それじゃ、どんなにがんばっても、働きがいがありません。どうりで元気がないわけですよ。

このとき、私は彼女に、一人《ひとり》さんから教わったことを伝えてあげたんです。

「それは親の修行《しゅぎょう》であって、あなたの修行じゃないんだよ」

そして、親の借金を彼女が返すべきじゃないとアドバイスしたんです。

その理由はね、少し詳しくいうと、こうなるんですよ。

親が借金して返せなくなったとします。子供は親を助けたいと思いますよね。

でも、そのために子どもの経済が成り立たなくなるようなら、子供はそれを返そうなんて考えちゃダメなんですよ。だって、その借金は子供の修行じゃなくて、親の修行だからなんです。

つまり、親の魂《たましい》の修行になるから、その借金はあるんだと考えるんですよ。それなのに、子供がそれを返しちゃうのは、筋違《すじちが》いなんです。

それにね、親の借金の返済なんかしていて自分のお金がなくなっちゃったら、本当は親だって困るんです。

だって、もし親が路頭《ろとう》に迷うことになったら、だれが助けるんです？　子供がなんとか親を食わせてあげたくても、自分だって食えない状態じゃ、何もしてあげられないでしょう。それどころか、両親と自分と、三人とも共倒れですよ。

そうなるくらいなら、自分だけでも助かったほうがいいんです。そのほうが、結果的には最後に親を助けることにもなるんですよ。

これは親に限らず、夫婦や兄弟の場合なんかも同じです。夫のつくった借金ならそれは夫の修行、妻がつくった借金なら妻の修行、弟の借金は弟の修行なんです。

この考え方は、借金についてだけでなく、本人が解決すべき問題の場合、すべてに当てはまるんですよ。

そうはいっても、家族が困っていたら何とかしたいというのが、人情ですよね。みんなそうなんです。

でも、本人が解決すべきことにほかの家族が手を出すのは、だれのためにもならないんです。そう思って見守ることこそ、自分の修行なんですね。

答え **親の借金は親の修行のためにあります。あなたが返しちゃダメですよ。**

43
親が痴呆になってしまった場合、どう考えれば少しでも気が楽になるでしょうか。

実は、私も今、この問題に直面しています。そのつらさは、経験していない人にはわからないほどのものです。親が痴呆《ちほう》で夜中に徘徊《はいかい》なんかされたら、どんなふうに考えてみても、やっぱりちょっとつらいんですよ。

それは、大変という言葉では足りないほどなんです。「このまま楽に死んでくれたほうがいいよな」と思っている自分もいて、そういう自分がすごく情けなくなるんです。

それで、このことについて一人《ひとり》さんにどう考えればいいか、尋《たず》ねてみたんですよ。

すると一人さんはこういいました。

「親が痴呆になるというのはすごく大変なことだよ。簡単なアドバイスで救われるようなものじゃない」

それから、「わからないかもしれないけれど」といって、教えてくれたことがあるんです。

それは、こんなお話だったんですよ。

「魂《たましい》レベルの話をすると、親の面倒《めんどう》を見られる人は幸せなんだ。

例えば、知的障害のある子供がいるよね。何百人かに一人、知的障害のある子供が必ず生まれるんだ。だとしたら、そういう子供がどこの家に生まれるのかということをまず考える。

すると、ちゃんと子供の面倒を見ようという優しい親のところへ生まれてくるんだとわかるんだよ。子供のことを虐待《ぎゃくたい》したりする薄情《はくじょう》な親のところへ、そういう子供が生まれてはこない。ちゃんと優しい人の家に生まれるんだ。

痴呆もそうなんだ。痴呆になるような人には、その面倒を見てくれるような優しい子供が生まれるんだよ。忙しくて直接に面倒を見られない場合なら、お金を持っていて、その子が人を雇《やと》って面倒を見てもらうことができる。そんな具合に、必ず助かるようになっているんだよ。

だから、親が痴呆になったということは、

『ああ、自分は親の面倒を見られるように生まれたんだ』

ということなんだ。そのことをありがたいと思わなきゃいけない。

親が痴呆になっても面倒を見ようとしないヤツは、図々《ずうずう》しいんだよ。そんなヤツに限って、財産分けのときにだけはくるんだ。でもね、そんなヤツはたとえ財産の半分をもらっても、必ずそれをなくしちゃうんだよ。

得なことばかりやっているヤツというのは、長い目で見ると、絶対にツイている人生じゃないんだ。損な役回りを引き受けている人間のほうが、後になって見てみると、必ず得をしているんだよ。

親の面倒を見るということは、今世《こんせ》だけでなく、それより前の人生も含めてものごとを見ることで、ようやくわかる問題なんだ。おれも、おかげさまで親の面倒を見られたんだけれど、もし親の介護のことを今世のことだけで考えていたら、きっと息が詰まっていただろうと思うよ。

その人が親の面倒を見ることになった理由はね、必ず何代か前の人生で、その人が面倒を見てもらっているからなんだよ。

これを知らないと、『なんでこうなるんだろう、なんでだろう』と考えてしまって、つらくなるんだ。

介護の問題は、魂のレベルで見られるようになると、その意味がわかってくるんだよ」

一人さんにこう教わって、私は本当に救われたような気がしました。真っ暗《くら》なトンネルの先に、やっと小さな光が見えたような、そんな感じだったんです。

親の介護の問題を、魂のレベルで考えてみましょう。そうすれば、「なぜ?」と考えずにすみ、気が少しだけ楽になるかもしれませんよ。

一人さんの魂についての考え方は、次の項目でもう少し詳しくお話ししますから、そちらも合わせて読んでみてくださいね。

答え 魂のレベルで考えれば、少しは気が楽になるかもしれません。

44
肉親の人間関係をどう考えれば幸せになれるでしょうか?

親子や兄弟、姉妹など、近い肉親って本当に人間関係がむずかしいんです。私たちは、一人《ひとり》さんからこうした問題を、魂のレベルで考えるように教わっています。

ちょっと独特な考え方で、わかりにくい人もいるかもしれませんが、このことを知ると、この問題で悩んだり苦しんだりすることが、本当に少なくなるんです。

なるべく多くの人にわかっていただくため、できるだけ簡潔《かんけつ》に、ポイントだけを絞ってお話ししてみますね。

まず、第一に押さえておくのは、人は何度も生まれ変わるということです。何千回も生まれ変わって、少しずつ魂《たましい》を向上させる修行《しゅぎょう》をしているんですよ。

生まれ変わる前に、魂はあの世にあって、次の世でどんなことを学ぶのか相談するんです。そして、「どの親が一番その修行をしやすいかな」という選択をするんです。

つまり、子供が親を選んでいるんですよ。自分の魂の修行をするためにね。

自分の兄弟や姉妹も同じです。そこにどんな親がいるかどんな兄弟がいるか、ちゃんとわかった上で生まれてきているんです。これも、自分の魂の修行なんです。

ですから、親子や兄弟、姉妹との人間関係はいちばんむずかしくて当然なんです。だって、いちばん大切な修行のためなんですからね。むずかしい修行だからこそ、親子や兄弟のような逃げられない関係にしているみたいなんですよ。

これが一人さん流の、魂の修行という考え方なんです。

こんな具合に、近い肉親というのは強い縁《えん》があるんです。その縁というのは、前世《ぜんせ》からつづいている場合もあるんですよ。前世でやり遂げられなかった修行を、同じ人の肉親として生まれることで、もう一度つづけたりするんです。

だから、私は仲の悪い兄弟がいて相談されたりすると、こんなふうにいってあげることがあるんですよ。

「あんたたち、前は親子だったかもしれないよ。前世では片方《かたほう》が親、もう片方がその子だったかもしれない。自分の子供だと思っても、本当に弟のことを許せないの？」

子供を愛せない親はいません。ですから、親子の関係だと思ってみれば、相手のことを許せるし、愛せるかもしれないと思うんですよ。

介護《かいご》のことも、前世で、あるいはそのまたずっと前の人生でやった魂の修行と関係があると思えば、あまり深く悩まずにすみます。

そして、このことが本当に理解できれば、一人さんのように、「親の面倒を見られて、ありがたい」とさえ、思うことができるんですね。

ただね、肉親との人間関係は本当にむずかしい修行ですから、「どうしてもやり遂げなければ」なんて思わなくてもいいみたいなんですよ。

一人さんが昔、こんな言葉を色紙《しきし》に書いてくれました。

「この道ゆっくり歩いてもいい
休んでもいい
どこまでも続くお花畑
来世《らいせ》もそのまた来世も
どこまでもずっとずっと
続く道　　　ひとり」

今世で、何が何でも完ぺきにやり遂げてしまおうなんて、思わなくていい。やれることをやっておけば、それでいい――。

私たちは、一人さんからこう教わっているんですよ。

自分にできることをやって、たとえ少しずつでも心を豊かにしていけば、大丈夫《だいじょうぶ》です。少しずつでも人間関係をよくしていって、今の人生をできるだけ楽しみましょう。

もし、できないことがあっても、心配はいりません。あせらずに、ゆっくりと、楽しく歩いて行きましょう。

あなたの前には、どこまでもどこまでも、お花畑がつづいているんですから。

答え **近い肉親は、いちばん大事でいちばんむずかしい修行をさせてくれる人です。今の人生で完ぺきにしようなどと思わずに、ゆっくりと、やれることだけをやればいいんです。**

ちょっと得するお話4 知って楽しい神様のこと

神社で心をリセット

昔からある古い神社というのはだいたい、いい場所にあるものなんだそうで、豊かな波動《はどう》を出しているんです。波動というのは魂《たましい》が出している音楽みたいなものです。自分の心が豊かな状態のときには豊かな音楽、元気なときには元気な音楽、心が貧しい状態のときには貧しい音楽を、周囲に流しているんだと思ってください。

自分が出しているその音楽（波動）に引かれて、それに相応《ふさわ》しい人やできごとが寄ってくるんですよ。

「ちょっと元気がないな」「あんまり豊かな心の状態じゃないな」などと思ったら、便利なのが神社です。神社へ行くと、頭の中がシーンとして、澄《す》んだ感じがしますよね。神社は豊かな波動を出しているので、その波動の中へ行くと、自分のそんな状態をリセットしてくれるんですよ。

ご神木のあるところ

神社にもいろいろありますよね。古い神社も新しい神社もありますし、大きなところも小さなところもあります。お参りの人がたくさんいたり、親しみやすかったりするところもあれば、ひと気がなくて何だか怖《こわ》いようなところもあります。それに、まつられている神様も様々で、その違いを知るのはちょっとむずかしかったりします。

見分け方としていちばん簡単なのは、ご神木《しんぼく》がある神社は間違いなくいいところなんだそうです。樹齢《じゅれい》何百年とか、あるいは一〇〇〇年を超えるなんて大木《たいぼく》が境内《けいだい》にあって、ご神木としてまつられていたりするでしょう。そういうところです。

大きな木というのはそれが長生きしているだけで、奇跡的なんだそうです。高い木には雷が落ちやすいでしょう。それなのに長い年月の間、雷も落ちずに生きてこられたのは、何かに守られているからなんですって。

お寺の場合も、ご神木のような樹木があるところは同じようにいい場所みたいですよ。

自分の中にも神様がいる

神頼みってよくいいますね。自分ではどうすることもできないことってあります。それで、みんな神様にお願いするんですよね。でも、この神様は別に宗教の神様じゃなくてもいいみたいなんですよ。

ミュージシャンになりたい人ならジョン・レノンとかマドンナとか、映画が好きな人なら黒澤明《くろさわあきら》とかスピルバーグとかを、まるで神様みたいに思っている人がたまにいますよね。それで、何かあると、「助けて、ジョン!」とかポスターにいったりして。でも、あれで本当にいいみたいですよ。自分が信じているのなら、人だっていいそうなんです。

一人《ひとり》さんが教えてくれたんですが、神様というのは「内神《うちかみ》」といって、自分の中にいらっしゃるんだそうです。信じているものにお願いするのは、自分の「内神」にお願いすることなんですね。だから、野球の好きな子が松井秀喜《まついひでき》選手やイチロー選手、サッカー少年が中田英寿《なかたひでとし》選手の写真なんかを大事にして、「上手《じょうず》になりますように」とお願いしているのも、立派な神頼みなんです。

神様にはどんな大きなお願いをしても大丈夫

自分が特別に思っているようなものがない人なら、神社やお寺なんかへ行ってお願いするほうがやりやすいかもしれません。やっぱり、神様や仏様って、なんかありがたそうで、お願いしやすいですものね。

ところで、神様にお願いする内容について、変な遠慮はいらないんですよ。人を不幸にするようなお願いはよくありませんけど、大きいお願いはどんなに大きくたってかまいません。「こんなことお願いしちゃ図々《ずうずう》しいかな」「欲張りかな」なんて思う必要はないんです。一〇〇億円だろうが大女優だろうがノーベル賞だろうが、なんだってお願いしていいんですよ。それに、いくつお願いしたっていいんです。私なんかいっぱいお願いしますよ。だって、聞いてくれるのは神様なんですから。

よく、「あんまり欲張っちゃいけないから、家族の健康だけお願いしよう」という人がいますけれど、もったいないですよ。健康はもちろん大事ですからお願いすればいいんですが、ほかにも自分のかなえたいことがあるんなら、どんどんお願いしましょう。（その場合、229ページで説明するように、過去形でお願いしたほうが実現するようです）

また、神様や仏様にお願いするときには、お願いの作法《さほう》を守るようにしましょう。神社だったら二礼二拍手《はくしゅ》というのがあります。これは神様や仏様によってやり方が違いますから、それを守ったほうがいいですよ。作法を守らないと、神様に怒られるというんじゃないんです。これをしないと、神様にせっかくのお願いが聞こえないんですね。

それから、お願いがかなったら、ちゃんとお礼をいいに行くのも忘れないでね。

幸せのお花畑

この道
ゆっくり 歩いてもいい
休んでもいい
どこまでも続くお花畑
来世も そのまた 来世も
どこまでも ずっとずっと
続く道

ひとり

おわりに　**本当の自分にたどりつくために**

私は「まるかん」で健康食品を販売する仕事をしています。これはもう天命《てんめい》なんだと思うんですね。私には病気で苦しんだ時期があって、「病気のない社会をつくりたいな」という気持ちが自然に出てきたんです。

ですから、今の仕事が楽しいんですよ。病気で苦しむ人を少しずつ減らすお手伝いをしているという実感があるんですね。「今日も一人喜んでくれた」、そう思えることが楽しくてしょうがないんです。一人から二人、三人と喜んでくれる人が増えていくと、「もう私はこの道でしか生きられない」と感じるんですよ。

私はどんな仕事も、商売も、最終的にはここに通じるんだと思うんです。カサを売るのも、洋服を売るのも、コンピュータを売るのも、歌を歌ったり、野球やサッカーをしたりするんだって、すべては、人を幸せにするためなんです。

どんな仕事も、人間関係をよくして、ほかの人のおかげで自分の心を豊かにして、「ああ、この仕事に出会ってよかった」「この人に出会ってよかった」、そう思えるようになることにつながっていくんです。

私自身まだまだできないことのほうが多いのですが、そんなふうに、確信しているんですよ。

だって、人はみんな、愛と光に包まれて生まれてきたんですから――。

この間もちょうど三人目の孫が生まれたんですが、あれは人間業《わざ》じゃありませんもの。生命が誕生するときは、本当にでっかいオーラに包まれて神々《こうごう》しく生まれてくるんです。まるで、おとぎ話のかぐや姫みたいに、大きな光に包まれて生まれるんです。本当ですよ。

みんな、そうなんです。真っ暗闇《くらやみ》で生まれる人はいません。みんな、絶対に愛情と光に包まれて生まれるんです。

それなのに、そういう人がいつの間にか、言葉が汚《きたな》くなり、ケンカしたり、人を暴力でイジメたり、人の心を傷つけたりするようになっちゃうんですね。家庭環境や社会環境、教育なんかで心に傷を負い、トラウマが残ったりして、本物の自分を閉じ込めるようになってしまうからなんです。

私は、自分を見失っている人みんなに、気づいてほしいんです。

「本当のあなたは愛のある人です」

そして、願っているんです。

「あなたの周りの人たちを大切にして、どうか、本当のあなたにたどりついてください」

人はみんな、幸せになれるように生まれているんです。

この本の言葉が、少しでもそのお役に立ちますようにと、心からお祈りしています。

付録① 観音参りに行こう！

レジャーとして楽しめる観音参り

あるとき一人《ひとり》さんが、駐車場に軽自動車をとめていたんです。いつも一人さんが乗っているのは大きな外車《がいしゃ》なので、「どうしたんですか？」と私は聞いたんですね。すると、一人さんはこういうんです。

「いや、今から秩父《ちちぶ》の観音参《かんのんまい》りに行くんだよ。この前、外車で行ったら道が狭くて、まいっちゃってさ。それで、今度は軽自動車にしたんだ」

これがきっかけで、私も一人さんに教わって観音参りをするようになり、それからは年に何回も行くようになったんです。

始めて二〇年近くになるんですが、秩父の観音参りなんか、もう一〇〇回以上行ったんじゃないでしょうか。

観音参りと聞くと、たいていの人は「年寄りくさい」というんですけど、実際にやってみるとずいぶん印象が変わりますよ。本当に楽しいんです。秩父の観音霊場《れいじょう》なんか全部で三四ヵ所を回るんですが、ほとんどがのどかな野山にあって、風景はきれいだし空気はいいし、気持ちは澄《す》んでくるし、ハイキング気分になれるんですよ。

お寺を一ヵ所お参りすると、「ご朱印《しゅいん》」というハンコを押してもらうんです。そのハンコを三四ヵ所分集めるんですね。だから、今でいうスタンプラリーなんです。達成感があって楽しいんですよ。子供なんか、すごく喜ぶんです。お寺によっては「奥の院」があるので、そこもお参りしています。

本当はね、「納経《のうきょう》」といって、般若心経《はんにゃしんぎょう》を書き写して、それをお寺に納めるのが観音参りの正式なやり方で、昔はみんなそうでした。「ご朱印」をただ押してもらうだけというのは略式なんですが、今ではほとんどの観音霊場で略式のやり方を認めてくれています。

でも、なかには正式のやり方をしなくてはいけないところもあるので、出かける前に確かめておいたほうがいいですね。ちなみに、秩父では略式で大丈夫です。

秩父の観音参りで、三四ヵ所の全部を歩いて回ると一週間ぐらいかかりますから少しハードですけれど、車を使えば、一泊二日で全部回れるんです。

歩きでは風景のいいところで汗をかきますから、爽快《そうかい》ですし、頭が余計なことを考えなくなって本当に気持ちいいですよ。

車で行くのもいいもんです。タッタと三四ヵ所を回れるのでたちまち達成していく感じがして、何だかワクワクしてきますよ。

観音参りというのは、そもそも、昔のお百姓《ひゃくしょう》さんが農閑期《のうかんき》にやるレジャーだったんです。昔は今みたいにいろんなレジャーがあったわけじゃありませんし、旅行だって自由にあちこち行けなかったんです。それで、何か農閑期に楽しめるものはないかと考え出されたのが観音参りだったんだそうですよ。

だから、今でもレジャーとして楽しめるんですね。

観音様へのお願いの作法

観音参《かんのんまい》りはレジャー感覚で楽しめるものなんですが、ただ、私は観音様が何でもかなえてくれると信じきっているんですよ。

信じきれるものがあれば何でもいいんだと思うんですけれど、私にとってそれは観音様なんですね。

観音様は慈悲《じひ》深くて、私の望みは全部聞いてくれるというふうに、もう私の中では絶対なんです。それに、観音様は自分の中にもいるという感覚があるので、ほかの神様に比べて、私たちにはお願いがしやすいんですよ。

一人《ひとり》さんによると、神様や仏様にお願いごとをするときには、作法《さほう》を守らないとせっかくのお願いが届かないんです。

その作法は神様によって違い、観音様にお願いするときにもちゃんと一人さん流の作法があるんですよ。

そこで、一人さんから教わった観音参りの作法をお伝えしますね。

観音様は「音を観る」と書きますよね。だから、観音様にお願いをするときには、黙ってやるより、ぼそぼそと小さな声でいったほうがいいんですよ。自分と観音様だけが聞こえるくらいの声でね。

それから、目は絶対につぶっちゃダメです。手を合わせて、うすく目を開けて、観音様を見ながらお参りをするんです。

お願いのいい方は、できれば過去形にするといいんです。

もし女優になりたいのなら、「女優になれました」というんです。

つまり、願いごとがかなった形にして、先にお礼をいっちゃうんですよ。「年収一〇〇〇万になりました」とかね。

もし、過去形でいうのがしっくりこないなら、それはその願いがかなうとまだ信じられないからなので、信じられるようになるまでは、ただその言葉だけをいうんです。「女優、女優、女優」とか、「年収一〇〇〇万、年収一〇〇〇万、年収一〇〇〇万」とかね。

これならば、別にウソをついていることにもなりませんしね。

こうやってきちんと作法を守ってお願いすれば、自分の声がちゃんと観音様に聞こえるんですよ。

観音参りができる人はハッピー

観音霊場《かんのんれいじょう》は秩父《ちちぶ》だけじゃなく全国各地にあります。

関東一円には坂東《ばんどう》、近畿には西国《さいごく》がありますし、ほかの地方にも、例えば東北には最上《もがみ》、山陽には瀬戸内《せとうち》なんかがあるんですよ。233ページに紹介したように、全国の主な霊場のガイド本（地図入り）も出ていますから、参考にしてみてください。

各地の霊場には、お寺に順番がついているんです。その順番どおりに回るのを「順礼」、番号に関係なく回るのを「巡礼」というんです（私たちは順礼で回っています）。数が多いですから、一日で全部回る必要はないんです。

関西にある西国三三ヵ所と関東にある坂東三三ヵ所、これに秩父の三四ヵ所をすべて合わせて一〇〇ヵ所になるんですね。観音霊場はどこも三三ヵ所なんですが、秩父だけ三四ヵ所なんです。

これは、西国、坂東と合わせて一〇〇になるように、秩父の霊場を一ヵ所加えたんだそうで、西国を回り、坂東を回り、秩父を回って最後の水潜寺《すいせんじ》をお参りすると、百観音打ち止めとなるわけです。

西国の霊場となっているお寺は本当に古くて立派《りっぱ》なんですよ。最初が和歌山の那智《なち》にある青岸渡寺《せいがんとじ》で、奈良や京都のお寺を回り、大阪から兵庫、福井へ行って、滋賀から最後は岐阜にある華厳寺《けごんじ》で三三ヵ所になります。

こんなふうに、関西圏に広く霊場がありますから、全部回るのに一週間はかかります。坂東の霊場は、最初が鎌倉の杉本寺《すぎもとでら》で、神奈川から埼玉、群馬、栃木と行って、茨城から千葉へ入り、最後が館山《たてやま》の那古寺《なこじ》で三三ヵ所です。所在地の順番はだいたいこんな感じですが、ちょっと行ったり来たりもあります。東京の浅草寺《せんそうじ》も三三ヵ所に入っているんですよ。

こちらも、関東に広くあるので全部回るにはちょっと日数が必要です。

私は関東の育ちなんで、坂東三三ヵ所に含まれている千葉の笠森寺《かさもりでら》や那古寺などには、観音参りを始める前からときどき行っていたんです。本当にいい所なんですよ。

西国にしても坂東にしても、そして秩父にしても、観音参りをすると本当に幸せを感じるんですよね。

だって、観音参りに行けるのは、だいたいがハッピーな人だからなんです。時間がないと行けませんし、お金がないと行けません。それに、お家をそれだけの期間空《あ》けられて、しかも職場を空けられないと行けないんです。もちろん、体が健康じゃないと行けませんしね。

時間もお金もある程度自由になって、しかも健康な人じゃないと観音参りはできないんですよ。

これだけの条件のそろっている人は、やっぱりハッピーですよね。

それに、観音参りの途中で、ポンとすごくいいアイデアが浮かんでくることがあるんです。これを仕事に活かすと、とてもうまく行きます。

ぜひ、観音参りに出かけてみてください。本当に楽しくて、きっと「ああ、幸せだな」と実感できます。

〈参考〉平幡良雄氏編著の霊場案内書

※書店では売っていないので下記「頒布元」にお問い合わせください
（〒は郵送料です）

古寺巡礼シリーズ

①『西国観音巡礼』	頒価1000円	（〒170円）
②『坂東観音巡礼』	頒価1000円	（〒170円）
③『秩父観音巡礼』	頒価1000円	（〒170円）
④『四国へんろ　めぐりやすい八十八カ所』	頒価1000円	（〒210円）
⑤『武蔵野観音巡礼』	頒価500円	（〒170円）
⑥『篠栗遍路』	頒価1000円	（〒170円）
⑦『小豆島遍路』	頒価1000円	（〒170円）
⑧『最上観音巡礼』	頒価1000円	（〒170円）
⑨『四国霊場百観音　巡拝勤行聖典』	頒価1000円	（〒160円）
⑩『津軽観音巡礼』	頒価1000円	（〒170円）
⑪『西国三十三カ所　ドライブ観音巡礼』	頒価700円	（〒170円）
⑫『鎌倉三十三カ所』	頒価500円	（〒170円）
⑬『洛西三十三カ所』	頒価600円	（〒170円）
⑭『尾張三十三カ所』	頒価600円	（〒170円）
⑮『奥州観音巡礼』	頒価800円	（〒170円）
⑯『東国へんろ　―関東八十八カ所をめぐる―』	頒価1000円	（〒210円）

よみがえる観音霊場シリーズ

①『会津観音巡礼』	頒価800円	（〒170円）
②『出雲観音巡礼』	頒価800円	（〒170円）
③『信濃観音巡礼』	頒価800円	（〒170円）
④『伊豆横道観音巡礼』	頒価800円	（〒170円）
⑤『安房観音巡礼』	頒価800円	（〒170円）
⑥『北海道観音巡礼』	頒価800円	（〒170円）

頒布元・お問い合わせ先
〒288-0024　千葉県銚子市天王台9822-1
満願寺教化部
電話 0479(24)8416(代)　FAX 0479(22)9777
振替00140-2-84759

100
□□□□□□□□□□

200
□□□□□□□□□□

300
□□□□□□□□□□

400
□□□□□□□□□□

500
□□□□□□□□□□

600
□□□□□□□□□□

700
□□□□□□□□□□

800
□□□□□□□□□□

900
□□□□□□□□□□

1000
□□□□□□□□□□

	達成日時	起こったよいできごと
第1回（計1000回）達成	年　月　日	
第2回（計2000回）達成	年　月　日	
第3回（計3000回）達成	年　月　日	
第4回（計4000回）達成	年　月　日	
第5回（計5000回）達成	年　月　日	
第6回（計6000回）達成	年　月　日	
第7回（計7000回）達成	年　月　日	
第8回（計8000回）達成	年　月　日	
第9回（計9000回）達成	年　月　日	
第10回（計10000回）達成	年　月　日	

付録② ツキを呼ぶチェックシート

下記の〈使用方法〉にしたがって、「ツイてる」を1000回いってください。どんどん運がよくなりますよ。
これまで、「ツイてる」を1000回いった人から次のような声をいただいています。

「いい転職先を紹介していただいた」
「生まれて初めて恋人ができた」
「息子が良縁に恵まれた」
「大口の受注をもらい、会社でトップの営業成績をあげられた」
「思わぬ収入に恵まれた」
「新聞の懸賞に当選した」

使用方法

○「ツイてる」を指折り数えながら10回声に出していってください。10回いったら、そのつど、右ページの□に鉛筆で✓印を書き入れてください。

○全部に✓印を書けたら、1000回いったことになります。

○何回か、何日かに分けていってもかまいません。

○消しゴムで消せば、何回でも使えます（このページをコピーして使えば便利です）。

○1000回を達成したら、右ページの表に日付を入れましょう。次の1000回に挑戦すれば、さらに運気がアップします。

斎藤一人《さいとうひとり》さんのプロフィール

「スリムドカン」などのヒット商品でおなじみの「銀座まるかん」の創設者。1948年生まれ。
以下のとおり1993年以来、全国高額納税者番付（総合）の10位以内にただひとり毎年連続して入っている。
1993年分——第4位、1994年分——第5位、1995年分——第3位、
1996年分——第3位、1997年分——第1位、1998年分——第3位、
1999年分——第5位、2000年分——第5位、2001年分——第6位
2002年分——第2位
（土地、株式によるものを除けば、毎年、実質1位）
2003年には累計納税額で日本一となる。土地売却や株式公開などによる高額納税者がほとんどの中で、すべて事業所得という異色の存在。〝日本一の大金持ち〟であると同時に、商売で稼ぎ続けている〝日本一の商人〟でもある。
納税額が全国1位になって以来、注目を集めるが、マスコミに顔を出したことはない。

著者紹介

小俣和美（おまた かずみ）

1950年生まれ．銀座まるかんの販売代理店・株式会社七十八パーセント創設者．10人いる斎藤一人氏の弟子のうちの1人．
1981年に斎藤一人氏と出会い師事する．1989年より自宅で事業を始める．1994年10月㈱七十八パーセントを創設．1997年全国長者番付91位．以後毎年，高額納税者番付・葛飾署管内第1位～第2位を続ける．著書に『あっ！と驚く　しあわせのコツ』（総合法令）がある．『斎藤一人の百戦百勝』（東洋経済新報社）の著者・小俣貫太氏の母でもある．

☆小俣和美さんへのご意見・ご感想，お悩み相談などは以下にご郵送ください．
〒103-8345　東洋経済新報社　出版局　小俣和美係
なお和美さんは，主婦業と社長業を兼業して忙しい方なので，かならずお返事が書けるとは限りませんが，時間の許す限り，お返事を書くようにしています．

＜編集部注＞
読者の皆様から，「斎藤一人さんの手がけた商品を取り扱いたいが，どこに資料を請求していいかわからない」というお問い合わせが多数寄せられていますので，以下に資料請求先を記入しておきます．
フリーダイヤル　0120-504-841

斎藤《さいとう》一人《ひとり》　魔法のお悩み解決法

2003年8月22日　第1刷発行
2003年9月10日　第3刷発行

著　者　小俣和美《おまたかずみ》
発行者　高橋　宏
発行所　〒103-8345
東京都中央区日本橋本石町1-2-1　東洋経済新報社
電話　編集03(3246)5661・販売03(3246)5467　振替00130-5-6518
印刷・製本　ベクトル印刷

Printed in Japan　ISBN 4-492-04201-6　http://www.toyokeizai.co.jp/